不動産買取の専門家が教える

実家を1円でも高く売る裏ワザ

“思い出のわが家”を次の価値に変える！

土地・建物買取プロデューサー 宮地弘行

青春出版社

はじめに

2033年には3戸に1戸が空き家になる

近年、空き家は大きな社会問題になっています。総務省の調査（平成30年住宅・土地統計調査）によると、全国の空き家は増え続けており、2018年の段階で846万戸。これは、総住宅数に占める空き家の割合は13・6％と過去最高の数字になりました。全国の戸数のおよそ7軒に1軒が空き家という計算になります。

さらに、野村総合研究所が独自に行った調査では、このまま何も対策をしなければ10年後の2033年には3軒に1軒が空き家になるという予測が出ています。わかりやすくたとえると、自宅の隣のどちらかが空き家になるイメージです。

そして、その大きな要因となっているのが実家の存在です。進学や就職を機に都会へ出た若い世代が結婚し、そこで家庭を持ちマイホームを手に入れる。やがて親が住まなくなると、その家は空き家になります。

遠く離れた実家のことを気にしながら、毎日忙しく働いている人も多いと思います。

ただ、その忙しさにかまけて「そのとき考えればいい」と対処を先延ばしにした結果、あとで「売りたくても売れない」「維持するにもお金がかかる」と大変苦労されている人たちを、私はこれまでたくさん見てきました。

申し遅れました。宮地弘行と申します。現在、私は「北九州未来づくりラボ」という団体の代表として、不要になった空き家を再生し、住まいや居場所に困っている人へ提供するという活動をしています。

以前は、北九州市にある不動産会社で44年間、一貫して分譲住宅の販売を行ってきました。買い取った住宅は累計1万6000戸以上。その向こうには、「実家を相続したけど、どうしたらいいかわからない」「たくさんの思い出が詰まった実家を、本当に売ってしまっていいのか迷っている」「自分にとっては大切な家だから、できるだけその価値をわかってくれる人に高く売りたい」など、今のみなさんと同じように、いろいろな思いを持った人たちがいました。

実家に対する思いは人それぞれなので、他人の私がとやかく言う立場ではありませんが、今後住む予定がない、賃貸などで活用することもできなそうな家は、できるだけ早く売却したほうがいいというのが私の持論です。

日本全国にこれだけ空き家が存在していて、人口減少や単身世帯の増加が加速度的に進むと思われる今後は、「家を売りたくても売れない」時代になっていきます。これからますます空き家は増え続け、家を売りたいという競争相手がそこら中にいるという状況になるでしょう。

放っておけば維持するためのコストはかさむばかり。さらに、今後は空き家対策法や相続登記の義務化など、関連する法律もどんどん厳しくなります。いつまでも持ち続ける意味が見出せないのなら、いっそのこと手放すという選択が現実的なのではないでしょうか。

でも、あんな田舎にある家がいったいいくらで売れるだろう？　はたして買い手は見つかるだろうか……？　と思う人も多いでしょう。

44年もの間、さまざまな不動産の売買に携わってきた私ですが、そのなかにはこちらの計算通り安く買えた家もあれば、思わず高値で買ってしまった家もたくさんあります。「その違いはなんだったのだろう？」と振り返り、まとめたのが本書です。

デベロッパーという買う立場での経験を逆に売る立場で考えると、「どうすれば1円でも高く売れるか」の答えが見えてきます。

まず、今後住む予定のない家なら、できるだけ早く売りに出すことです。少なくとも、準備だけは今すぐにでも始めたほうがいいでしょう。

本来なら高く売れた実家が、なんとなく先送りしたために、建物が古くなったり、相続でもめてしまったりして「売るタイミング」を逃してしまう。そうなると、いざ売りに出したときには相場の半分以下、あるいは売りに出しても買い手がつかない、ときには売りに出すことすらできない、という状況に陥ってしまいます。

逆に早めに準備を進め、やるべきことのステップをきちんと踏んできた人は、相場以上の高値で売れています。

老後のお金についての不安が繰り返し指摘される昨今、誰しも実家が少しでも高く売れたらと考えるものです。そのためにやるべきことを、なるべくわかりやすく順序立ててまとめました。業界の裏事情についても包み隠さずお伝えしています。

同業者からは「おいおい、そんなことまで暴露しないでくれよ」と言われそうですが、今の私は独立してフラットな立場。売主の事情も買主の事情も熟知しているからこそ、伝えられることがある。そう思って本書を書き進めました。

本書はみなさんの大切な実家を「1円でも高く売る」ノウハウを紹介すると同時に、今の日本が抱えている空き家問題の解決策にもふれています。空き家問題は個人だけで解決するものではなく、社会全体で向き合わなければならないことなのです。

本書が実家の空き家で悩む人の一助となるとともに、全国の空き家を減らすことにつながれば、これほど嬉しいことはありません。

宮地弘行

不動産買取の専門家が教える 実家を1円でも高く売る裏ワザ

目次

目次

第2章 「家じまい」は早く始めるほど成功する

第3章 実家を1円でも高く売る8つのステップ

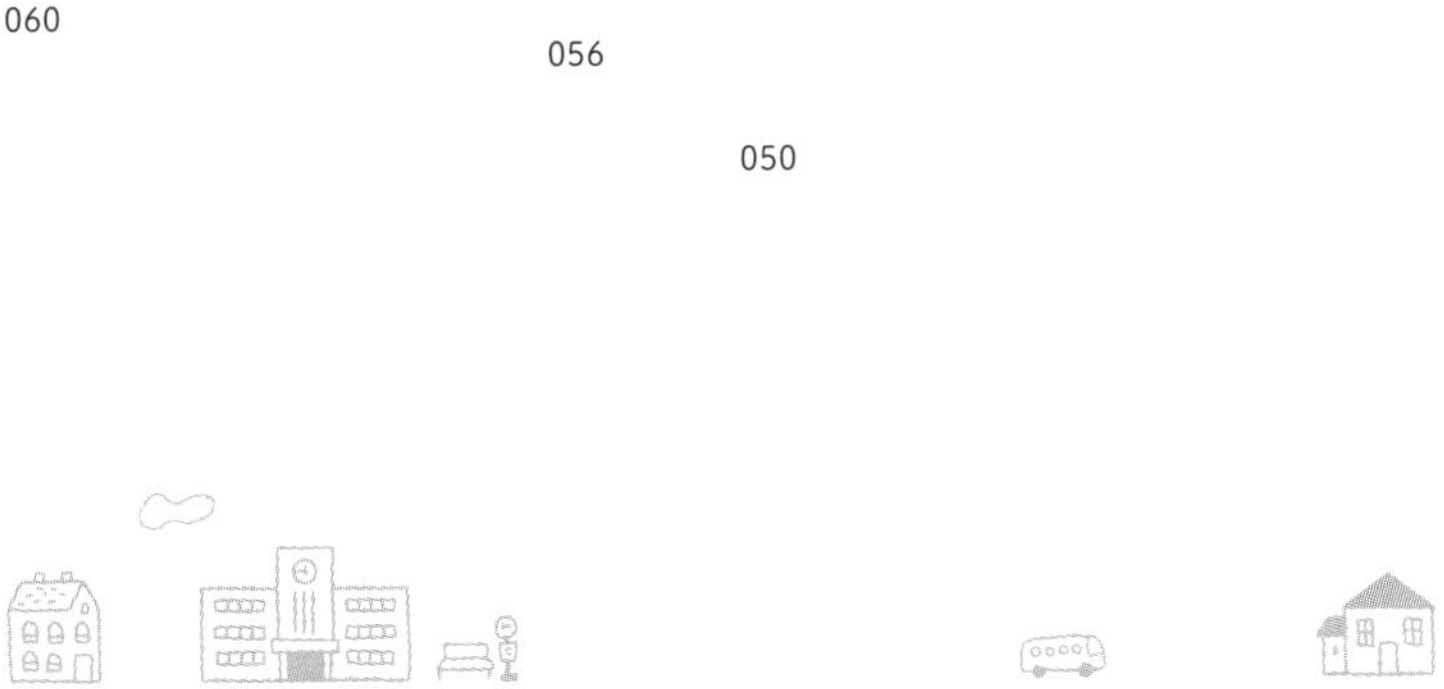

SUPERMARKET

目　次

第7章　使わなきゃ損！ 自治体の支援制度や補助金をかしこく活用

編集協力 石渡真由美
企画協力 松尾昭仁（ネクストサービス株式会社）
装丁・本文デザイン 書籍装丁制作室
本文DTP 佐藤純（アスラン編集スタジオ）
本文イラスト hisa-nishiya（Adobe Stock）

第1章

実家を放置してしまった人の末路

持っているだけで大損!?　空き家の維持費は年間20万円以上

決断はできるだけ早いほうがいい

地方の実家を相続したものの、首都圏にマイホームはあるし、今後Uターンするつもりもない。でも、自分が生まれ育った家だから思い入れはあるし、子どもたちにもときどき田舎体験をさせてあげたい。とりあえず、もう少し様子を見るか……。そうやって、空き家になった実家をそのまま放置してしまうケースは少なくありません。

しかし、人が住まない家の窓は閉まりっぱなしで風が抜けず、部屋にはカビが発生しやすくなります。庭の樹木や雑草は伸び放題で、帰省のたびにまずは家の掃除、庭の剪定《せんてい》から始めなければなりません。ようやく人が泊まれる状態になり眠りにつこうとすると、天井から何やら物音が……！　人がいない空き家は、動物のすみかにもなりやすいのです。

はじめは「別荘代わりに使おう」なんて考えていたものの、そんなことが続くと足が遠のき、気がつくと放ったらかし状態に……。

しかも、空き家は所有しているだけで毎年の固定資産税の支払いが必要になります。都心の人気エリアや便利な駅近にある家を相続できれば、「自分たちが移り住む」「人に貸して家賃収入を得る」「何か事業を始める」などの活用法が考えられますが、そんなお宝を譲り受ける人はそれほど多くありません。たいていの人は、「この家、いったいどうすればいいの……?」と途方に暮れることになります。

空き家維持には「お金」と「手間」がかかる

空き家を維持するには、いったいどのくらいのお金がかかるのでしょうか。

まず、避けて通れないのが固定資産税です。固定資産税は毎年1月1日時点で所有している土地や建物、売却資産に対してかかる税金で、そこに住んでいなくても固定資産課税台帳に登録されている人が納めなければなりません。

詳しい計算方法は後述しますが、標準的な家でも年間6〜15万円くらいの固定資産税がかかると思っておいたほうがいいでしょう。だったら、いっそのこと家を解体して更地にしてしまえば負担が減るかも、と考える方がいるかもしれません。しかし、その場所に家が建っていなければ税金の軽減措置が受けられなくなってしまうのです。

つまり、更地にするとこの制度が適用されなくなり、かえって税金が高くなってしまいます。こうしたことから、「だったら、このまま家を残しておくしかないか……」という考えに着地してしまうのです。

しかし、誰も住まない家は驚くほどの早さで劣化していきます。カビの大量発生も、樹木や雑草の成長も待ったナシ！　誰かがマメに管理をしなければとても維持はできません。近くにきょうだいや親戚がいれば換気や庭の手入れをお願いできるかもしれませんが、タダというわけにもいかないし、なんとなく頼みにくいもの。

だったら自分でやろうとしても、首都圏から地方の実家までの交通費はバカになりません。なにより休みのたびに実家の掃除に時間をとられるのはしんどいし、気が滅入る。それならと空き家を管理する専門業者に問い合わせると、月1万円程度のお金がかかる。時間と労力を買うと考えても、年間12万円以上の出費は痛い……。

そうまでしても、この先使うあてのない家を維持するために、毎年お金だけが飛んでいく。これを「負の遺産」と言わずにいられるでしょうか。

老朽化、獣害、不審者……空き家が近隣の迷惑になる可能性

損害賠償を請求されることも

空き家は家族だけの問題ではすまなくなることがあります。まわりに家も何もない「ぽつんと一軒家」という状態でもない限り、要注意物件となって近隣に迷惑をかけてしまうこともあるのです。

もっとも多いのが隣家に樹木が越境してしまうというトラブルで、「隣の家の木が伸び放題で、窓から光が入らなくて困る」「落ちた実を掃除するのが大変」などのクレームが市町村のほうに上がってきます。

もっと状態がひどくなると、「台風で窓ガラスが割れたままになっている」「瓦屋根が傷んでいて、落ちてこないか心配」などの声が近隣住民から寄せられるようになります。実際、地震によって建物自体が傾き、隣の家にまで迷惑をかけてしまったり、

水道・光熱費の基本料金

月に１回、家の管理をするために宿泊をした場合の年間基本料金の目安（自炊をしない場合、ガスは止めてしまった方がいい）
電気代・水道代・ガス代＝約４万円

火災保険

火災や、台風や集中豪雨などの自然災害、建物の一部による飛来、落下、衝突など、もしものときに備えて火災保険に入っておく
住宅総合保険、地震保険など＝年間約５万円

専門業者の巡回サービス

専門業者に空き家管理の巡回サービスを依頼すると、定期的な見守り、郵便物の管理などをしてくれる。サービスの内容は多岐にわたり、プランによって料金が変わってくる
月１万円程度のプラン＝年間約12万円

帰省代

実家の場所にもよるが、一度につき一人５万円程度。家族で帰省するとさらにお金がかかる
お盆と正月２回訪れた場合＝約10万円

近隣へのお中元・お歳暮など

なかなか帰省できない場合は、近隣の人に管理をお願いすることも。お中元、お歳暮をはじめ、帰省した際の手土産は必須

小さく見積もっても、
年間20万円以上の維持費がかかる

空き家の維持には こんなにお金がかかる！

固定資産税

土地や家屋など、固定資産の所有者に対して課せられる地方税

【土地の軽減税率】固定資産税評価額×1.4%＝税額
200㎡以下の部分（小規模住宅用地）固定資産税1/6
200㎡を超える部分（一般住宅用地）固定資産税1/3

〈例〉300㎡の土地に家が一戸建っている場合
課税標準額（建物）……600万円
課税標準額（土地）……2000万円

建物の課税標準額（600万×1.4%）＝84,000円
土地の課税標準額（200㎡以下の部分：2,000万円/300㎡×200㎡×1/6×1.4%）+（200㎡を超える部分：2,000万円/300㎡×1/3×1.4%）＝約62,000円

建物の課税標準額84,000円＋土地の課税標準額約62,000円
合計＝約146,000円

〈例〉解体した場合
土地の評価額（2,000万円）×1.4%＝合計280,000円
→更地にすると固定資産税が大幅に上がってしまう

都市計画税

地方税法により、都市計画区域内にある土地や建物に、市町村が条例で課すことのできる税金

【都市計画税の軽減税率】固定資産税評価額×最高0.3%＝税額
建物の固定資産税評価額（600万円×0.3%）＝18,000円
土地の固定資産税評価額（2,000万円×軽減税率×0.3%）＝約27,000円
合計＝約45,000円

壊れかけていた部分が台風で飛ばされ、近隣の窓ガラスを割って被害を与えてしまったりするケースも少なくありません。

こうした場合、損害賠償を要求されるのは所有者。遠く離れた土地の災害で、思いがけず多額の賠償金を支払うことになったという事例はいくつもあります。

「特定空き家」に指定されると……

管理が行き届かなくなった空き家には雑草が生い茂り、虫が大量に発生したり、野良猫が糞をしたり、アライグマやハクビシンなどの害獣のすみかになったりと、いろいろな生き物が集まって来ます。また、粗大ゴミや空き缶などのポイ捨てのターゲットになったり、不良のたまり場になったりして、放火の対象になったりして、地域の環境を悪化させてしまうリスクもあります。

こうした不安の声が市町村に寄せられると、まずは担当者が様子を見に行きます。そこで著しく景観を損ね、まわりに迷惑をかけていると判断されると、所有者に連絡がいきます。それでも改善が見られない場合は「特定空き家」に指定され、きちんと管理をするよう指導や勧告をされます。

「空家等対策の推進に関する特別措置法」に基づく措置の流れ

1. 近隣からのクレーム、情報提供
2. 行政による現地調査
3. 「特定空き家」に認定
4. 助言・指導
5. 勧告（※住宅用地特例の対象から除外）
6. 命令（※50万円以下の過料）
7. 行政代執行（※解体費は所有者負担）

（※）必要な措置をとらなかった場合

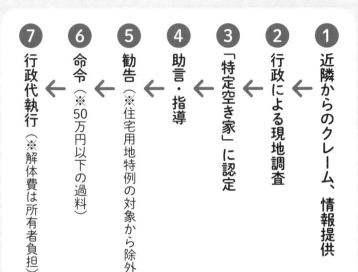

景観上、不適切である

周囲の景観を損ねており、著しく不調和な状態にある。

- 屋根や外壁などが汚物や落書きなどで傷んだり、汚れたりしたまま放置
- 多数の窓ガラスが割れたまま
- 立木などが建築物の全面を覆うほど繁茂している、など

生活環境上、不適切である

木立や住み着いた動物、建築物の不適切な管理により、周辺の生活環境の保全を図るために放置することが不適切な状態にある。

- 木立の枝などが道路にはみ出して、通行を妨げている
- 動物のふん尿など、汚物の放置によって臭気が発生している
- 白アリが大量に発生して近隣家屋に飛来し、地域住民の生活環境などに悪影響を及ぼすおそれ、など
- 門扉の不施錠、割れた窓ガラスなどを放置し、不特定の者が容易に侵入できる状態で放置、など

出典：国土交通省ウェブサイト（www.mlit.go.jp）

「特定空き家」認定のガイドライン

保安上の危険がある

建築物が倒壊するおそれ、屋根や外壁などが脱落、飛散するおそれにより、そのまま放置すれば著しく保安上の危険となる可能性がある。

- 基礎の沈下、柱の傾斜、基礎の破損や変形、土台の腐朽《ふきゅう》や破損など
- 屋根の変形やふき材の剥落《はくらく》、看板や給湯施設の転倒、壁体に貫通穴、バルコニーの腐食や破損、脱落、など

衛生上、有害である

建築物や設備の破損や、ごみの不法投棄などが原因で、衛生上、著しく有害となるおそれがある。

- 吹付石綿などが飛散し暴露する可能性が高い
- 浄化槽などの放置による汚物の流出、臭気の発生、排水の流出などにより地域住民の日常生活に支障を及ぼしている
- 臭気、害虫・害獣などが発生し地域住民の日常生活に影響を及ぼしている、など

住居に長期間にわたって人が住まず、手入れもされずに放置されると、安全上や衛生上、近隣に迷惑をかけていると見なされます。「特定空き家」とは、そうした状態の家屋の所有者に下される警告のようなもの。2015年に施行された「空家等対策の推進に関する特別措置法」でできた制度の一つです。指導や勧告を無視してそのまま放置していると、住宅用地特例の対象から除外され、固定資産税の免税措置が受けられなくなります。こうしたペナルティーを設けることで、空き家をなくしていこうという狙いです。改善が見られない場合は更地の状態と同等に扱われ、固定資産税が最大6倍に跳ね上がってしまうこともあります。

さらに無視を続けると、命令違反として所有者には50万円以下の過料が科せられ、市町村長の判断によって強制撤去（行政代執行）を言い渡されます。

「こんなお荷物物件、どうぞご自由に壊してください。解体費が浮いてラッキー！」なんて思ってはいけません。この解体費は所有者に請求されます。建物の大きさにもよりますが、ざっと150万〜300万円はかかると思っておいたほうがいいでしょう。

このように、不動産というのは一度所有するとなかなか逃れられないものなのです。

解体業者の激減で家の解体費は2倍近くに高騰

更地にするにもお金がかかる

家を残そうと思えば維持費がかかり、放っておけば「特定空き家」に指定されてしまう。いっそのこと解体して更地にしてしまおうとすれば、先にお伝えした通り「住宅用地の軽減措置特例」がなくなり、固定資産税を多く支払うことになります。

それだけではありません。近年、解体費の高騰が止まるところを知らず、家を壊すにも多額のお金がかかるようになっています。以前は低価格で解体を請け負う中小の業者もいました。しかし、そうした業者がコスト削減のために解体後の廃材を不法投棄するケースがあり、問題になったのです。こうした不正を防ぐために、現在はマニフェストに基づいた正式な処分履歴の提出が必要になり、中小の業者が「そんな手間がかかることはやりたくない」と一気に手を引いてしまったのです。

特にアスベストの使用有無について事前に調査することも必須になり、もし使われていればその処分には特別な除去工事をしなければなりません。アスベストの含有量が0・1％を超えるものの使用が禁止されるようになったのは2006年。築年数によって使用量は違いますが、それ以前は多くの家屋に使用されていました。

事前のアスベスト調査には約10万円の費用がかかり、アスベストを含んだ家の解体には専門的な技術と適切な処理が必要になるため、コストはどうしても高くなります。以前のように、単純に壊して捨てるというわけにはいかない時代なのです。

近年は職人の確保が難しくなってきていて、人件費も上がっています。こうした理由から、2年くらい前までは坪3万円程度だった解体費が、今は坪5～6万円と約2倍にも跳ね上がっていて、この傾向は今後も続くと見られています。つまり、家を壊すのなら、できるだけ急いだほうがいいということです。

なぜ日本は空き家だらけになってしまったのか？

他人事ではない日本の空き家問題

日本で空き家が増えていくいちばんの原因は少子高齢化です。日本経済が右肩上がりだったころは、マイホームを建てることが人々の夢や希望となり、新築戸建てやマンションが次々と建てられました。１９８０年代後半から１９９０年代初頭のバブル期には、「こんな場所に？」というような、今では考えられないような山の上や郊外にまで住宅地は広がっていきました。

そんな家で生まれ育った子どもたちは進学を機に都会へ流れ、そのまま就職して家庭を持ち、すでに生活の基盤となっているその土地にマイホームを構えます。

その昔の日本には長男が家を継ぐという風習がありましたが、核家族が進んだ今は、一度実家を出ると戻ってこないというのが一般的です。そして、残された古い家には

都道府県別・空き家率ランキング

空き家率の高い都道府県

		平成30年
1	山梨県	21.3%
2	和歌山県	20.3%
3	長野県	19.5%
4	徳島県	19.4%
5	高知県	18.9%
6	鹿児島県	18.9%
7	愛媛県	18.1%
8	香川県	18.0%
9	山口県	17.6%
10	栃木県	17.4%

空き家率の低い都道府県

		平成30年
1	埼玉県	10.2%
2	沖縄県	10.2%
3	東京都	10.6%
4	神奈川県	10.7%
5	愛知県	11.2%
6	宮城県	11.9%
7	山形県	12.0%
8	千葉県	12.6%
9	福岡県	12.7%
10	京都府	12.8%

出典：総務省統計局

両親だけが暮らすことになります。しばらくすると元気だった両親も歳をとり、自分たちで暮らしていくのが難しくなって、家を残したまま病院や高齢者福祉施設に入ることになりがちです。こうして空き家となり、しばらくその状態が続くことで家の老朽化が進むのです。

実家を売ることの罪悪感

故郷を離れたからには、新しい土地で自分の城を築きたい。日本経済が低迷しているにもかかわらず、日本人の根強い新築志向は今も続いています。

一方、自分が生まれ育った実家には

愛着があるし、自分の力で家を持つことの大変さを知っているからこそ、両親が建てた家を売ることにはなんとなく罪悪感を抱いてしまう。高齢者施設に入居した親がこの先、この家に戻ることは考えにくい。でも、生きている間は実家をどうするかはまだ考えられないし、できれば考えたくない——。そうやって問題を先延ばしにしてしまう人がほとんどだと思います。

しかし、いざ相続をすると、その責任は一気に自分に降りかかってきます。固定資産税や維持管理費の捻出、所有しているだけでまわり近所に迷惑をかけるリスクなど、金銭的にも精神的も、負担が重くのしかかってくるのです。

2024年から相続した家の登記が義務化される

一家族が二つの空き家を抱える時代

多くの人がその処理を先延ばしにした結果、気がつくと日本は空き家だらけになってしまいました。２０１５年に「特定空き家」制度を設けてはみたものの、その効果がなかなか見えてこないまま、空き家は増えていく一方です。

さらに、わが国の少子化は止まる気配がありません。近年は子どもを持っても一人という家庭が多く、一人っ子同士の結婚も増えています。この場合、夫婦それぞれが実家を相続することになり、空き家が一家に一つではすまなくなってくるのです。

また、生涯未婚率は年々上がっており、２０２０年の厚労省の調査で男性が26・7％、女性が17・5％となっています。同時に単身世帯が増加の一途をたどっていて、みずほリサーチ＆テクノロジーズの調査によると、２０２５年には単身世帯が１９９６万世帯と全世帯の4割近くを占めると予測されています。単身世帯が多くなるということは、家族で暮らす戸建て住宅の需要はこれからますます減少していきます。

いよいよ国も本気で対策に乗り出した

国もこれまでは増え続ける空き家をなんとなく見すごしていたものの、もはやそう呑気に構えてはいられないと、本気で対策に乗り出してきました。

不動産を受け継ぐ際、相続人が行う手続きの一つに「相続登記」というものがあり

生涯未婚率の推移

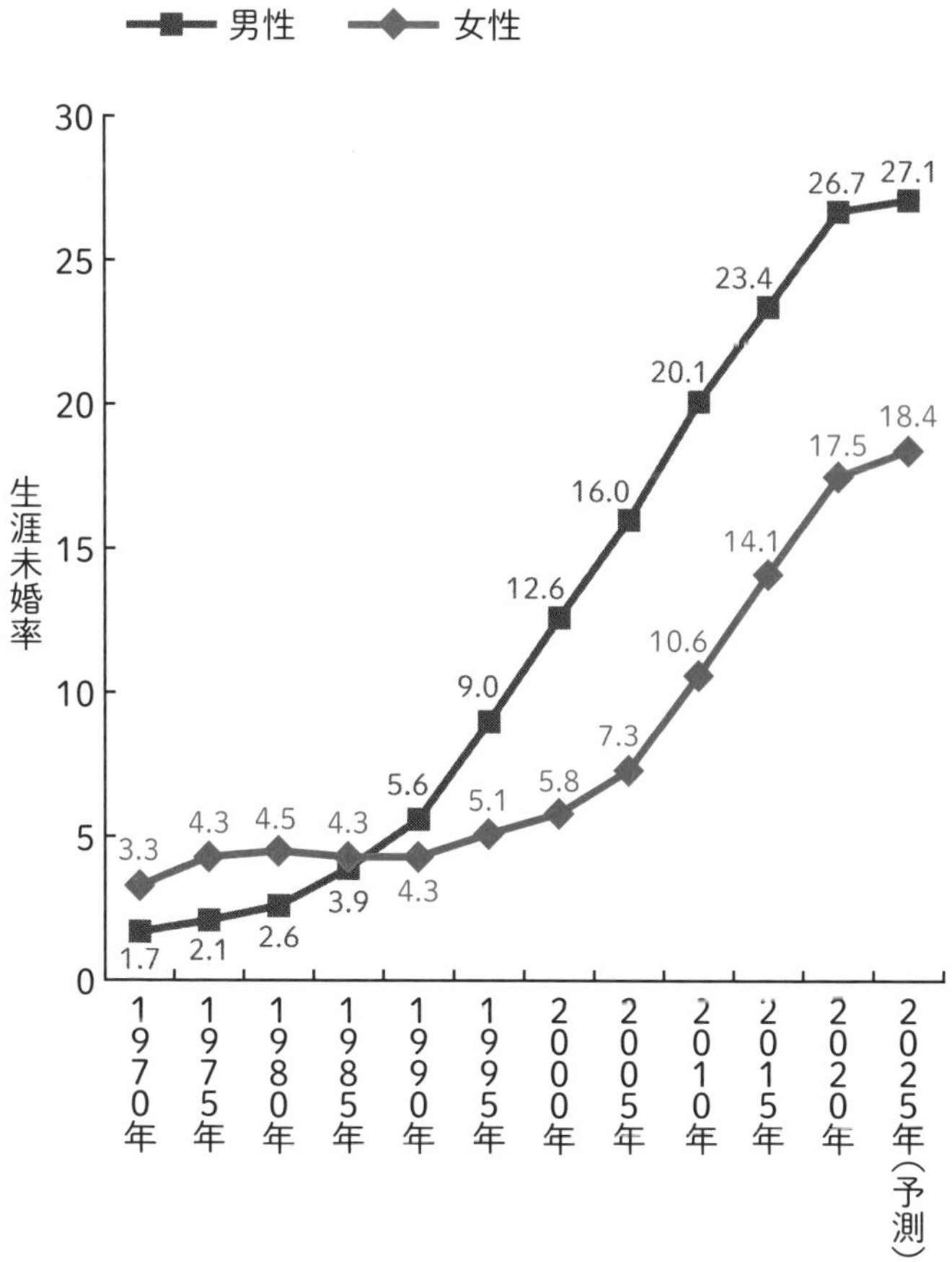

出典：厚生労働省

ます。誰がこの不動産を相続したかを明記する、いわば「名義変更」ですが、これまでは登記を行わなくても特に罰則はありませんでした。司法書士に相続登記の代行を依頼するとそれなりの費用がかかり、個人で行うには必要な書類が多く手間がかかる。それなら、とりあえずは手続きをしないという人が多くいました。

その結果、土地の所有者が特定できず、誰も住んでいない家が放置された状態になり、近隣へ迷惑をかけるといった地域レベルの話ではなく、有効な土地の活用が阻害されるという国家レベルの問題になっていたのです。

こうした事態を改善するために、2024年4月1日からは相続登記が義務化されることになりました。不動産の相続が発生した場合、相続人はその所有権の取得を認知した日から3年以内に名義変更の登録申請をしなければならなくなったのです。今まであれば、もらってもあまり嬉しくない不動産には知らんぷりを貫くこともできましたが、とうとうそれもできなくなってしまうのです。

さらに、期限までに申請ができていないと、10万円以下の過料が科せられるという厳格な措置がとられることもあります。もはや、空き家は維持費うんぬんの問題ではなく、法の力でも相続人に適切に管理、処理することを強いてくるのです。

第2章

「家じまい」は早く始めるほど成功する

実家を活用できるケースはほんのひと握り

「売却・改築・賃貸・運用」という4つの選択肢

大きな書店の不動産コーナーの棚を見ると、「空き家」の対策法や不動産相続について書かれた本がたくさん並んでいます。それだけ今は「実家の空き家」に対する関心が高まっているのでしょう。しかし、手にとってみるとその多くは「家を売る」「改築して自分たちが住む」「リフォームして人に貸す」「何か事業を始める」などといった活用法をまんべんなく紹介しているものがほとんどです。

そんな本を読むと、「うちの実家も将来、何か活用できるのでは？」と思ってしまいがちですが、みなさんはご実家の価値がどのくらいか、きちんと把握できていますか？　長年、多くの物件の売買を行ってきた不動産のプロである私の感覚だと、こうした活用が可能な「富の不動産」を相続できる人は、全体の2割程度です。

不動産4つの活用法

①

「買取」「仲介」で家を売って現金化する

②

「リフォーム」や「立て替え」をして自分たちが暮らす

③

「リフォーム」をして人に貸し収益を得る

④

空き家を生かして事業を始める

固定資産税・管理費を払いながら
「維持」するという選択も

総世帯数も減少↓戸建てのニーズはさらに少なくなる

では、その他大勢の人が相続する空き家は、どのような状況にあるのでしょうか？

前章でもお伝えしましたが、日本には846万戸以上の空き家があり、2033年には3軒に1軒が空き家になると予測されています。

日本の人口は減少する一方です。これまで世帯数自体は増加傾向にありましたが、国立社会保障・人口問題研究所が5年ごとに行っている調査（2015年実施）によると、わが国の世帯数は2023年以降は減少が見込まれ、2040年には49都道府県で世帯数が2015年を下回るという予測をしています。

全体の8割が「負の不動産」を相続

こうした状況になったとき、条件のいい物件は売る、自分たちが住む、人に貸す、運用するなど複数の選択肢がありますが、条件に満たない物件は「手放したくても手放せない」という状況に立たされることになります。

そうなると、近隣のクレームや行政からの圧力を感じつつ、固定資産税と管理費を

「富動産」になるか「負動産」になるか 3つのケース

ケース① 東京都区部や政令指定都市、第二指定都市の駅近にある物件

家の大きさにかかわらず今後もおそらく価格は横ばい、または上がるため、「売却」「改築」「賃貸」「運用」のいずれにも活用が可能

→富動産（約２割）

ケース② 郊外にあるごく一般的な家やマンション・団地

ここ数年は需要があったが、今後は世帯数の減少で需給バランスが崩れる可能性が高い。売りたくてもなかなか売れない状況になる

→負動産予備軍（約６割）

ケース③ 人口減少が進む地方や山の上など、不便な場所にある物件（タダでもいいから手放したい物件）

今までも売りにくかったが、今後さらに売却は難しくなる

→負動産（約２割）

払って維持するしかありません。これまでは「売れる家」と「売れない家」の二極化で説明ができましたが、人口だけでなく世帯数も減少していくこれからは、「以前なら売れていたかもしれないけど、今後は難しくなる家」が増えていくことでしょう。

実はそのほとんどが、多くの方がこれから相続する「ごくごく普通の家」なのです。

持っている〝ババ〟はとにかく早めに手放す

このように、これから家の価値は下がっていく一方です。日本全国で家が余っている状況のなか、売れていくのは当然条件の良い家になります。かつては少し郊外でも庭が広くて大きな家が好まれることもありましたが、今の時代、家の価値はもっぱら「立地」がもっとも大きな要素です。

「少し郊外だけど、電車で1時間半あれば都心に出られる」「リモートワークが増えたから、これからは地方都市にも需要があるのでは」なんて考えは、正直言って甘いです。現実を直視し、早めの対策を心がけることが将来の安泰につながります。

この状況は、トランプの「ババ抜き」で考えるとわかりやすいと思います。将来的に大きな負担になるかもしれない「ババ」は、とにかく早く手放してしまう。本書ではそんな「ババ」を持っている人、これから持つことになってしまいそうな人に向けて、今後の対策をご紹介していきます。

元気なうちに親の意思を確認しておく

小さな家でも骨肉の争いは起こりうる

実家を相続した人のなかには、「売ること」に罪悪感を抱く人が少なくありません。親になんとなく申し訳ないという理由のほかに、「近所の人に、薄情な子どもだと思われないだろうか?」といった気持ちになってしまうのでしょう。特に地方であるほど、その傾向は根強く残っているようです。

遺産とは本来、残された家族が幸せに暮らせるように渡す「ギフト」のようなもの。手元に現金がない人ほど、「せめてこの家だけは」と子どもたちに残そうとしてしまいがちですが、その残された家がトラブルのもとになり、子どもたちがもめてしまうのを私はこれまで何度も見てきました。

「いやいや、それは豪邸のように大きな家の話でしょ？　うちみたいな小さな家では、トラブルの起こりようがない」と、多くの方はおっしゃいます。でも、小さな家だからこそ家じまいを先送りにしてしまうため、もめごとが起こりやすいのです。ですから「家をどうするか」については、親が元気なうちに決めておきましょう。こうしたデリケートな話題について、子どもから切り出すのは勇気が必要ですが、帰省のしたときなどに思い切って話してみると、実は親の方も行く末を心配していた、ということがあります。

本書は基本的にこれから実家を相続する人向けに書いていますが、もしあなたが不動産を残す親御さんの側だったら、「この家をどうするべきか、みんなで話し合いたい」と切り出してみてください。というわけで、この章は親世代と子世代両方に向けて伝えていきます。

親が存命のうちにやっておくべきこと

まず、親御さん自身がどうしたいかを子どもたちに伝えましょう。大切な家だから残してほしいというのであれば、残された家族が困らないように、維持管理費を用意しておきたいところです。

子どもたちがすでに独立して住む家があるのなら、売却してそのお金を残してあげれば、後々の面倒事を回避できます。理想的なのは夫婦が健在なうちに今後について決めておくことですが、まだそこまでは考えていないという方がほとんどでしょう。

次のタイミングとしては、夫婦のどちらかが他界したときです。しばらくは一人でも暮らせるかもしれませんが、いずれは高齢者施設へ入居する、子ども家族と同居するなどの話が出てくるでしょう。そのタイミングで売却をすると、その後がスムーズに運びやすくなります。

いずれにしても、こうしたことは親と子ども家族（配偶者を含む）が話し合って決めること。そして口約束ではなく、親の意思を遺言書などの文書で残しておくことが重要です。高齢者施設に入ることになったら家の売却で費用を捻出しようと思っているとしても、その意志を伝えられないほどの病気になってしまったり、認知症で判断能力を失ってしまったりすると、家の売却ができなくなるからです。

遺言書は60歳になったら用意しておく

では、どのタイミングで遺言書をつくっておくのがいいかというと、私は60歳をすぎたら用意しておいて損はないと思っています。現在、私は66歳ですが、すでに遺言書を用意しました。わが家は子どもが一人なので相続でもめることはまずないと思いますが、それでも親の意思を示すために必要なものだと考えています。

子どもが複数いるのに何もしないでおくと、相続人全員で遺産をどのように分けるか話し合って決めることになります。不動産の遺産分割協議は難しく、「オレの家族が親の面倒を見た」「兄貴は子どものころからひいきされていた」など、心に秘めていたそれぞれの思いが吹き出し、もめてしまうケースは少なくありません。

きょうだいとしては穏便に話を進めたいのに、それぞれの配偶者が加わると話がややこしくなることもあります。相続問題をきっかけに、きょうだいが疎遠になってしまったというケースは本当に多いのです。金銭面だけでなく家族のつながりにもダメージを与えるとなると、「負の遺産」以外のなにものでもありません。

家族それぞれが同じ時間を共に過ごした家が最終的に不幸を招くことのないよう、

早いうちから時間をかけて考えていきましょう。

トラブルになりやすい隣地との境界線

必要書類があるか確認しておく

さまざまな選択肢がある良物件以外の場合、早く売って現金化することがいちばんだとお伝えしましたが、家を売るにはいくつかのステップがあります。

まずは売却に必要な書類をそろえることが最初の一歩。各書類の内容については次章で説明しますが、その書類をそろえるのには大きな手間と時間がかかります。

これは日本人に特有というわけではないかもしれませんが、亡くなったあとのことを先回りして用意しておくと、死を早めるきっかけになり縁起が悪いと思う傾向があるようです。しかし、家を売る売らないにかかわらず、売却のとき必要になる書類をそろえておくことは、親の最後の責任だと思います。登記事項証明書や売買契約書、土地測量図などの必要書類は一カ所にまとめておき、保管場所を家族に伝えておく。それがあれば、残された家族はスムーズに対処できます。

これらの書類は、手元にないと絶対に売却できないわけではありませんが、別の手続きが必要になったり、余計にお金がかかったりすることも。また、そうこうしている間に時間だけが過ぎていき、売却のタイミングを逃してしまうこともあります。

「家じまい」を機に家族の歴史を共有する

「家じまい」の準備をする際には、この家をどういう経緯で買ったか（または相続したか）、家族に説明しておきましょう。ローンで購入した場合は、住宅ローンの金銭消費賃借契約書が残っているはずです。

家を売却する際には、売却価格から取得費などを差し引いた「譲渡所得」に税金がかかります。この譲渡所得が低いほど税金は少なくてすみますが、購入価格を証明する契約書がないと、どんな物件でも一律「売却価格×5％」で計算されてしまいます。それにより、手元に残る金額が大きく減ってしまいます。

この差額は意外に大きいです。すぐに見つからなくても、「必ずどこかに保管されているはず!」と信じて徹底的に探してみてください。

また、広い敷地を持つ本家の隣に分家を建てて通路を設置した、水道管を分岐したなどの情報は、次項で説明する境界線や水道管の問題が明らかになったときに役立ちます。

先祖代々受け継がれてきた家なら、その昔はどんな土地だったのか、地歴を教えてあげるといいでしょう。昔は山があった、池があったなど、今と大きく違っていることもあります。だからといって売却に影響することはほとんどありませんが、知っていて損はありません。ここは昔どんな土地でまわりにはどんなものがあったか、ご近所とはどんな関係性だったかなどの話を共有しておきましょう。何も伝えられないまま、この世を去ってしまうと、そうした情報は永遠に失われてしまいます。

親はどんな些細なことでも家にまつわることを語り、子ども世代は聞き出すようにしてください。家はなくなっても家族の歴史は受け継がれます。

境界線、上下水道管・ガス管の問題は早めの対処を

土地を売却する際は、隣地所有者との間で境界線を明確にしておかなければなりま

せん。隣家と境界線の認識にズレがあると、戸建てや土地を売却する際にトラブルになりがちです。近年では境界の点や線の位置を明示する境界標の設置が一般化していますが、ひと昔前は塀やブロックなどの工作物で所有地を示すというやり方でした。もっと昔は「お互いさま」の精神で特に取り決めをせず、なんとなくの境界線しかなかったこともありました。しかし、こうした曖昧さがのちのち火種となり、スムーズに売却することができなかったり、相手の言い分を受け入れざるを得なかったり、後味の悪いトラブルに発展しやすいのです。

境界線の確定は相続後に行うこともできますが、できれば親御さんが健在のうちに明確にしておきましょう。親世代同士であれば〝長年のつき合い〟で穏便に進むことも、事情がわからない子世代同士だとお互い半信半疑になってしまうからです。

また、すでに隣が空き家だったり、所有者が不明だったりすることもあります。このような場合、手続きに非常に時間がかかるので、早めの対策をおすすめします。

土地の確定測量には50万円から80万円、場合によっては100万円程度の費用がかかります。この費用も本来なら親が負担すべきです。きちんと境界線を確定しておき、売却には書類を提出するだけという状態にしてこそ、「喜ばれる遺産」となります。

境界線や配管のチェックポイント

Check !

上下水道管やガス管が他人の敷地を通っていないか

敷地内引込管が隣家を通っている場合、既存の配管の撤去と新設工事が必要になる。逆に他人の配管が自分の敷地を通っている場合も、所有権を移転させるときに問題になる可能性がある。

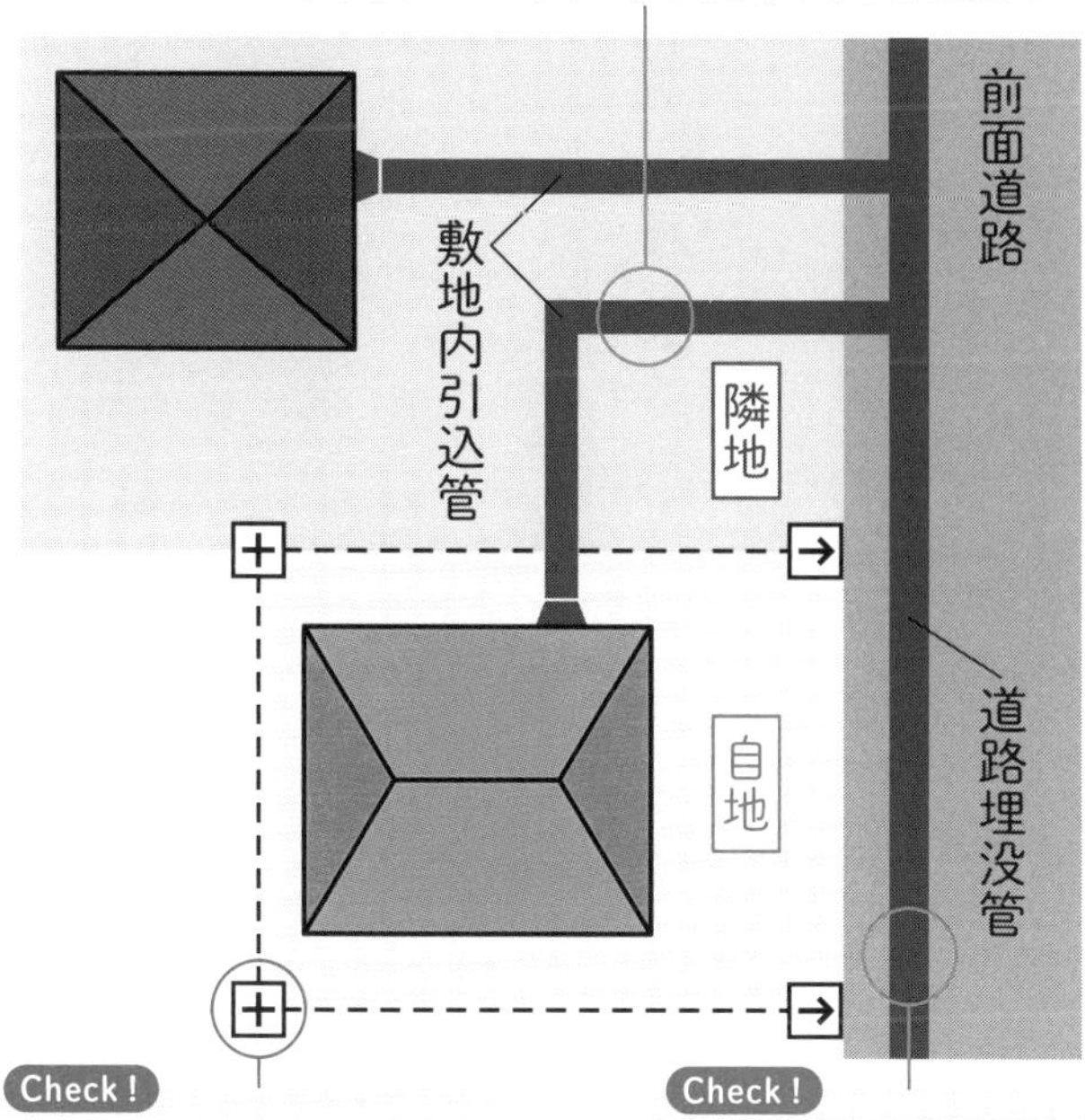

Check !

隣地との境界標があるか

境界標とは土地の境界に設置する目印のことで、コンクリートや石でつくられた杭を隣地との境界線の折れ点に設置する。築古の物件では境界標がないことも多い。

Check !

道路埋設管は公設か私設か

前面道路の埋設管が公設であれば特に問題はないが、個人が設置した私設管の場合は利用に許可が必要になる。

もう一つ、境界線ほどのトラブルは起きにくいものの、クリアにしておいたほうがいいのが上下水道管やガス管の埋設状況です。戸建てのなかには、生活に不可欠な上下水道管やガス管がよその家の敷地内を通っていたり、自分の敷地内によその家の配管が通っていたりすることがあります。こうした状況を相続した家族が知らないと、解体工事や建設工事の際に漏水や破損といったトラブルになるリスクがあります。

こうした不安要素がある場合も、できれば親が健在なうちに対策のための工事を行っておいたほうがいいでしょう。

誰になにを相続するかといった遺言書を残しておくことはもちろん大事ですが、家と家との境界線や、家の下に隠れている上下水道管やガス管の位置、建物の構造といった細かいところまでチェックをして、万全な状態で渡してあげることが本当の思いやりだと言えます。

親が亡くなった……相続はまずなにをするべきか？

さて、ここまでは親が元気なうちにやっておいたほうがいいことをお伝えしました。これらがクリアになっていると、売却の次のステップである不動産業者探しへとスムーズに進むことができます。

しかし、残念なことに多くの場合はこれらの準備ができていないまま親が亡くなり、相続をすることになります。ここまで読んで「遅かったか……」と感じた人がいるかもしれませんが、肩を落とす必要はありません。今からでも対処は十分可能です。

ここからは、「親が亡くなって実家を相続することになったけど、なにから手をつければ……?」という方に向けて、かしこい家の売却方法とその流れを説明します。

意外に時間をとられる遺産分割協議

親が亡くなったら、さまざまな遺産相続手続きを行わなくてはなりません。すべてに期限が設けられているので、すみやかに手続きを行う必要があります。おもな確認事項、手続きは次の通りです。

行うべき相続手続き

❶ 遺言書の有無の確認（①〜④はできるだけすみやかに！）

❷ 相続人の調査・確認

❸ 相続財産の調査

❹ 単純承認・相続放棄・限定承認の選択（3カ月以内）

❺ 遺産分割協議（④と⑤は同時進行で！）

❻ 遺産分割協議書の作成（相続登記前まで）

❼ 相続税の申告・納付（相続を知った日から10カ月以内）

❽ 相続登記の手続き（2024年4月からは3年以内）

このなかで不動産にかかわってくるのが遺産分割協議と相続登記の手続きです。遺言書がある場合はそれに応じて進めていくことができますが、ない場合、または遺言書で分割方法が決まらない相続財産が存在する場合は、法定相続人が協議して遺産分割の方法を決める必要があります。

現金であれば単純に分けることもできますが、やっかいなのは土地や建物の場合。「きょうだい公平に」と共有名義で相続すると、一人は早く売却したいのに、他のきょうだいは「葬儀が終わったばかりだし、今はまだそんなこと考えられない……」「もう少し残しておいてもいいのでは」などと意見が分かれ、話がまとまらなくなってしまうことも。そうなると、物件の売れる「旬」を逃してしまいます。

土地や家といった不動産は誰か一人が相続をして、売却したあとに現金をきょうだいで分けるという方法がおすすめです。早く売却することで納得のいく対価が得やすくなり、きょうだいが手にする財産も目減りせずにすむからです。

相続放棄をすれば責任は逃れられる？

「限定承認」という方法もある

親から受け継ぐのは、いいものだけとは限りません。親が借金を抱えたまま亡くなってしまったり、残されたのがどう考えても売れそうにない物件だったり、「負の財産」を引き継ぐことになる場合もあります。

こうした場合の救済措置が「相続放棄」です。自分が相続人であることを知ってから3カ月以内に家庭裁判所に申し立てをすると、相続を放棄することができます。しかし、ここで一つ注意が必要です。相続放棄をする場合、「借金は引き継ぎたくないけど、不動産だけは相続したい」という都合のいい選択はできません。相続放棄では借金などの「負の財産」だけでなく、土地や現預金などの「プラスの財産」も手放すことになります。

相続の種類

単純承認

プラスの財産も、
負の財産も引き継ぐ

プラスの財産

マイナスの財産

限定承認

相続財産が債務超過かどうか判断しにくいとき

負の財産が多かった場合
→プラスの財産の範囲内で負の財産を弁済すればいい

プラスの財産

マイナスの財産

プラスの財産が多かった場合
→負の財産を弁済した後の余剰分は相続人に帰属する

プラスの財産

マイナスの財産

相続放棄

プラスの財産も負の財産も引き継がない

プラスの財産

マイナスの財産

ただし、相続した財産にどのくらいの価値があるのか、債務超過なのかそうでないのか事前に判断しにくい場合、「限定承認」をするという方法もあります。この場合、プラスの財産で負の財産を弁済して、余剰が出た場合はその分を手にすることができます。もし負の財産がプラスの財産を超えていた場合、それ以上の弁済については責任を負いません。

相続した土地を手放したいときの新制度が誕生

お金を払って土地を国に引き渡す「相続土地国庫帰属制度」

空き家を相続すれば維持費がかかり、相続放棄しても建物の管理責任は残る。もらってうれしくない土地や家を引き継ぐことになった家族は、ババ抜きの「ババ」を引いてしまった気分になるでしょう。このまま永久に手元に残ることになってしまったらどうしよう……。そんな不安に駆られている人に朗報があります。

「相続土地国庫帰属制度」という言葉を耳にしたことはありませんか？　これは、相続したものの「今後活用する予定がない」「維持管理ができない」などの理由で相続した土地を手放したいときに、その土地を国に引き渡すことができる新しい制度です。2023年4月からスタートしています。

相続した土地を活用する予定がなく売却も難しそうな場合、これまでその土地の管理費用や固定資産税の負担をなくす方法は「相続放棄」の一択でした。ただし、相続放棄では預貯金や株式などの相続権も手放さなければなりません。土地はいらないけど、預金や有価証券まで手に入らなくなってしまうのは困る。だったら、土地はとりあえず残しておくか……。そうやってなんとなく受け継いでしまった家が、日本全国に空き家の状態で放置されています。

こうした状況をなんとか改善すべく始まったのが、第1章で紹介した相続登記申請の義務化です。国も法の力で統制しようと動き出したのですが、その一方で相続人を救済する制度としてできたのが、この「相続土地国庫帰属制度」なのです。

これはその名の通り、相続や遺贈で土地を相続した人を対象にした、土地を国に引き渡すことができる制度です。きょうだいなど複数の人たちが相続した共同所有の土地でも申請できます。ただし、対象となるのはあくまで土地で、引き渡すにはその土地に建物がないことが前提です。

そして、タダで引き取ってくれるわけではありません。申請する際には1筆（登記上の土地の個数を表す単位）あたり1万4000円の審査手数料を納付する必要があります。さらに、法務局による審査を経て承認されると、土地の状態に応じた標準的な管理費用から算出された10年ぶんの土地管理費相当の負担金を納付します。宅地の場合、1筆ごとに20万円が基本。

つまり、お金を払って引き渡すということですが、今後も活用する予定のない家に維持費や固定資産税を払い続けることを考えれば、得策だと言えるでしょう。

しかし、決断するのはもう少し待ってもいいかもしれません。なぜなら、あなたが「負動産」と思っている家や土地が「売れる」ことも考えられるからです。しかも、やり方次第では予想よりも高く売れることもあり得ます。

次章からは、本書のメインテーマでもある「1円でも高く売る方法」について、詳しく紹介していきます。

第3章

実家を1円でも高く売る8つのステップ

STEP 1
まずは必要書類探しからスタート

実家を売ると決めたら、すぐに必要書類をそろえましょう。相続した不動産を売却する際に必要となる書類は表の通りです。

かけがえのない人を亡くし、深い悲しみに暮れているとしても、ご両親が残してくれた大切な家をできるだけ高く売るには、落ち込んでばかりもいられません。まずは、実家に置いてあるはずのこれらの書類を探してみましょう。

この第一歩でくじけてしまう人は少なくありません。購入したのは40年以上も前、相続した家ならさらに昔の話になります。書類が残っていればいいのですが、「なにかが足りない」というケースがほとんどです。もちろん、すべてそろっていればスムーズに次のステップに進めますが、なくてもなんとかなるので安心してください！

隣接地との境界線や位置関係がわかる公図、おおよその面積がわかる地積測量図は法務局に備えつけてあり、これはネット経由でも入手できます。ただし、この地積測量

不動産売却に必要な書類一覧

不動産売却の際に売主が用意する必要書類は、戸建て、マンション、土地などの物件種別によって異なります。

	マンション	一戸建て	土地
登記簿謄本または登記事項証明書	○	○	○
売買契約書	○	○	○
物件購入時の重要事項説明書	○	○	○
登記済権利書または登記識別情報	○	○	○
確定(現況)測量図・境界確認書	—	○	○
固定資産税納税通知書および固定資産税評価証明書	○	○	○
物件の図面	○	○	—
設備の仕様書	○	○	—
建築確認済証および検査済証	—	○	—
建築設計図書・工事記録書	△	△	—
マンションの管理規約または使用細則	○	—	—
マンション維持費関連書類	○	—	—
耐震診断報告書	△	△	—
アスベスト使用調査報告書	△	△	—

図では売却の時には不十分です。地積測量図は公的な書類ですが、作成された時期によっては精度が低い場合や、隣地との立ち合いが行われていない場合があるからです。

したがって、売却するときには土地家屋調査士などの資格者と隣地所有者の立ち合いを経て境界を確定した「確定測量図」が必要になります。この確定測量図だけは新しく作成する必要があり、時間がかかるので早めに取りかかることが大事です。

また、建築確認申請書と検査済証がない場合は、市役所または土木事務所で有無が確認できます。再発行はできませんが、証明書をもらうことは可能。つまりいま手元になくても、ほとんどのものはそろえることができるのです。

ただし、ないと損をしてしまうのが、前章でお伝えした購入価格が明記された資料。購入した金額を証明するものがないと、譲渡所得にかかる税金が一律5％で計算され、手元に残る金額が大きく減ってしまいます。ですから、これだけは「絶対見つけるぞ！」という強い気持ちで探してみてください。それでも見つからなければあきらめるしかありませんが、売却ができないわけではないのでご安心を。

高く売るために必要なものとは

多くの人がこのような状況なので、必要書類が見つからなくてもあせる必要はありません。逆に言うと、必要書類が全部そろっていればかなりのアドバンテージになります。特に日本中で空き家が増えていくと見られる今後は、早く売れたもの勝ち。スピード勝負になってくるからです。

また、不動産業者がどうしても手に入れられないもの、たとえば建設中の写真やマンションであれば当時のパンフレット、リフォーム履歴や点検証明書があると、査定などの際に役立ちます。

STEP 2

家のなかはからっぽにしておく

売却する家をリフォームする必要はない

リフォームされた家は魅力的ですが、家を売るつもりなら、基本的にリフォームをする必要はありません。売主がリフォームをすると、そのぶん高く売りたいという気持ちが働き、売るタイミングを逃してしまいがちだからです。

程度や地域にもよりますが、最近は水回りのちょっとしたリフォームだけでも150万円前後、フルリフォームすれば700万〜1000万以上もの費用がかかってしまいます。その金額は、売却費用にそのまま上乗せできるわけではありません。買取業者や不動産会社はリフォーム業者とつながりがあるので、人件費や材料費などを安く抑えることができます。一般の売主が自分で業者を探して発注すると費用が割高になってしまうので、ここは専門家に任せたほうが賢明です。

また、そのまま建物を利用するのが難しい場合、不動産会社は解体して一度更地にしてから土地として販売するか、建売業者が新しい家を建てて販売します。その場合、家の状態は売却にはあまり関係がないのです。

玄関と水回りをキレイにするだけで見違える

とはいえ、売却を買収業者ではなく仲介業者に依頼する場合、少し見栄えを良くしておく必要があります。住宅を購入する際、もっとも気になるのがキッチンや浴室などの水回りが清潔かどうか。男性は価格に目がいきがちですが、女性は水回りの清潔さ、使い勝手をまず厳しくチェックします。

また、玄関のドアを開けた瞬間の第一印象も大事です。部屋が暗かったり、傷んでいる箇所が目についたりすると途端にテンションが下がり、購入意欲をなくしてしまいます。リフォームは必要ないと言いましたが、玄関と水回りだけは念入りに掃除をするか、ハウスクリーニングを入れてキレイにしておくことをおすすめします。ハウスクリーニングの相場は5～10万円。それで買い手がすぐに見つかるのなら、やらない手はありません。

戸建ての場合は庭木などの剪定《せんてい》や草取りをしておくといいでしょう。自分でやるのは大変ですが、かなり印象を左右します。時間がとれない場合、地域のシルバー人材センターなどに依頼すると安くできることがあります。

家具がないほうが室内が広く見える

家は住みながらでも売れます。また、家具などが置いてある状態でも売却活動に支障はありません（もちろん、引き渡し時には処分が必要です）。買主によっては、家具などが置いてあるほうが住むイメージがわきやすいし、どんな人が住んでいる家なのか、わかった方が安心するという人もいるのです。

見栄えを良くすることと同時に、内見のときに持ち主が丁寧に案内してくれたり、感じが良かったりすると家への印象がグッと上がります。

ただし、中古物件全体で見ると、家のなかがすべて片づけられているほうが売りやすくなる印象です。そのほうが部屋がスッキリ、広々して見えるからです。自分の家具をどう配置するか、イメージしやすいという声の方が多いのです。

家財道具の処分は業者に頼めば1回ですみますが、そのぶんお金もかかります。いずれ家を売るつもりなら、親御さんが高齢者施設に入居している間などに、家財道具を少しずつ処分しておくと余計な出費がかかりません。家財道具の処分の仕方については、184ページで紹介します。

STEP 3

実家の価値をリサーチする

まずチェックしたい二つのサイト

実家を売ると決めたら、不動産の相場についても調べておきましょう。今はほとんどのことがインターネットで調べられます。

まずやっておきたいのが、土地の路線価について調べること。路線価とは、課税のための基準になる指標のようなもので、国税庁が毎年算出している「相続税路線価」と、市町村（東京23区は都）が3年ごとに算出している「固定資産税路線価」があります。「相続税路線価」は実勢地価の約8割、「固定資産税路線価」は実勢地価の約7割の価格になっていると見積もっておけばいいでしょう。これらは、「全国地価マップ」というサイトで、どの土地でも誰でも自由に検索できます。路線価は土地柄や立地条件などを正確に反映しているわけではありませんが、あらかじめ知っておけば、不動産会社と売り出し価格の交渉する際の一定の目安になるでしょう。

もう一つ、国土交通省が運営している「土地総合情報システム」というサイトがあり、これは全国の不動産の取引価格を掲載しています。不動産会社が自社の取引について登録するもので、すべてが登録されているわけではありませんが、実際の取引価格なのである程度は参考にできます。

近隣で売り出し中の物件をチェックする

路線価や過去の取引価格を調べたら、次は実家の近所でどのような物件がどのような値づけで売り出されているかをチェックします。「ＳＵＵＭＯ（スーモ）」や「ａｔｈｏｍｅ（アットホーム）」「ふれんず（福岡県の場合）」など、不動産情報のポータルサイトで調べると一括して見ることができます。

たとえば実家が１３０平米の整形地、築20年だとすると、同じような条件の物件がどのくらいの値づけで売り出されているか、比較対象が多数掲載されています。

検索ワードは「（地域名）　不動産　査定」

次に「（実家のある地域名）　不動産　査定」で検索すると、いろいろな不動産会社のサイトが出てきます。そこから、誠実に対応してくれそうなところに連絡をとるといいでしょう。無料で査定してくれます。

ただし、個人で探すのには不安もあるでしょう。そんなときに役立つのが

土地の路線価を調べられる「全国地価マップ」

https://www.chikamap.jp

不動産の実際の取引価格がわかる「土地総合情報システム」

https://www.land.mlit.go.jp

「ＳＵＵＭＯ」や「イエウール」などの大手不動産サイト。日本最大の不動産サイト「ＳＵＵＭＯ」に登録すると10社から、売却に特化した「イエウール」では６社から見積もりを出してくれます。

ただし、これは机上査定といって、入力された平米数や家屋の築年数などの条件から簡易的に出した査定額なので、価格も「○○万円～○○万円」などと幅を持たせて書かれることが多いです。実際に不動産会社が現地を見たうえで出す現場査定とは異なることは理解しておきましょう。

また、あまり多くの不動産会社に見積もりを依頼すると応対が大変ですし、かえって混乱してしまうことも。そこで、安心感やネットワーク、情報量を重視して大手不動産会社で２社、きめ細かなサービスをしてくれそうな地元の不動産会社２社に査定を依頼するくらいが適正でしょう。これでおおよその不動産相場が見えてきます。

不動産の相場を調べるのは、その地域の不動産価値がどのくらいなのかを知り、買主の希望と自分の気持ちをどのあたりですり合わせればいいか、基準を決めておくためです。どんな査定が出ても、最終的には売主である自分が売値をつけます。

大切な家が予想より低く評価されるとガッカリするものですが、〝思い出フィルタ

―〟で期待値を上げすぎないように注意しましょう。

STEP 4
近隣にも声をかけてみる

増築、駐車場……意外な用途がある

家を売ると決めたら、真っ先に問い合わせをするのが不動産会社ですが、その前に近隣の方に声をかけてみると、意外な売却先として浮上することがあります。

「実は家が手狭になってきて、増築したいと思っていた」「子ども家族の家を建てたい」「駐車場スペースがほしかった」などのニーズが隠れているかもしれません。

実際に売買にまで至るケースはそう多くありませんが、すでにご近所つき合いのある人が購入してくれれば、売るほうも買うほうも安心です。値段の折り合いがつけば、お互いハッピーになります。ただし、個人間で不動産の売買をするのはかなり難しいので、最終的には不動産会社に入ってもらうことになります。地域で信頼のおける不

動産会社に依頼するといいでしょう。

売却前に隣人に声をかけておく目的はもう一つあります。戸建てを売却する場合、前述のように隣家との境界線を確定しなければなりません。いきなり測量業者や不動産会社が来て「お隣の家が売却されるので、境界線を測らせてください」と押しかけると、「まず本人があいさつに来るのが筋だろう」「うちが損することにならないか」などのマイナス感情が先にきて、トラブルに発展することがあります。事前に周知しておけば、そうしたトラブルを回避できます。

STEP 5
ダメ元で親戚や知人にそれとなく伝えてみる

親戚の集まりや同窓会もチャンス

実家を売ることに対して後ろめたさを感じたり、「お金に困っていると思われないだろうか」と、周囲の目を気にしたりする人は少なくありません。都市圏から離れるほどその傾向は強く、できるだけ人に知られないうちに売却したいと考え、買取業者に買取を依頼するケースが多いようです。

すぐに売却して現金を手にしたい場合はその選択でかまいませんが、買取は仲介と比べると売価が安くなる傾向があります。できるだけ手元に多く残したいと考えているなら、まずはその家を「欲しい」と思っている（かもしれない）人に、直接アプローチしてみるのも手です。たとえば葬儀で親戚一同が集まった際に、それとなく売却の意思を伝えてみる。すると、直接相続にはかかわらない親戚が、「え、売っちゃうんですか？　それならうちが買おうかなぁ〜」「知り合いに中古物件を探している人がいるから、聞いてみましょうか？」など、思わぬ反応があることも。同窓会もチャンスです。卒業後も地元に残っている人から、「近くで子どもたち家族が住む家を探していた」「従業員の社宅に使いたい」などの声がかかるかもしれません。

これは、その土地に馴染みがあるからこその需要です。高く売れるかどうかは交渉次第ですが、まったく面識のない人に売るよりも安心感があります。実際、売却に至るケースはそう多くありませんが、ダメ元で声をかけてみるようにしましょう。

STEP 6

1・5キロ圏内にある繁盛店もねらい目

近所の繁盛店、病院、会社に打診してみる

実家の近くに、繁盛している飲食店はありませんか？　実はこうしたところも「食材や備品を置く場所がほしかった」「駐車場を広げたいと思っていた」などのニーズを抱えていることがあります。また病院や会社も、「近くに独身寮をつくりたい」「倉庫や駐車場に使いたい」などの理由で用地を探していることがあります。

あまり知られていませんが、その繁盛店や会社が実家から1・5キロメートル圏内なら、意外と需要はあるものです。「どうせ相手にしてくれないだろう」とあきらめず、ダメ元で話を持ちかけてみたら、「待っていました！」とばかりに即決するケースもあります。また、繁盛店や病院、会社には多くの人が集まるので、声をかけておけば土地や家を探している人を紹介してくれる可能性もあります。

仲介手数料を安くできる裏ワザ

以前、こんなことがありました。実家を売却することになり、ダメ元で近所の病院に打診してみたところ、「今のところ、使うあてがない」と断られてしまいます。「やっぱりそううまくいかないか」とあきらめていたところ、その病院から売却の話を聞いたという調剤薬局から、「駐車場にしたいのでぜひ購入させてください！」と直接連絡がきたのです。そして、わずか1カ月で契約が成立！　売主も買主も納得のいく金額で売買ができ、お互いハッピーな結果になったのです。

近隣や知人に声をかけたり、交渉を持ちかけたりするのは自由です。素人には少しハードルが高く感じるかもしれませんが、決まればもうけもの。「この土地が欲しかった」「この建物を使いたい」と思っていた人が購入してくれるのですから、査定より売価が下がることはまずありません。

また、不動産を売却する際の仲介手数料は売価の３％というのが普通ですが、すでに両者の間で話がまとまっていれば、「買主を探す」「金額交渉をする」といった業務が省略されるので、通常より低い手数料で請け負ってくれる不動産会社がいるはずです。「話はだいたいまとまっているので、事務手数料は1~1・5%で仲介してもらえませんか?」と、地域の不動産会社に依頼してみるといいでしょう。

STEP 7 「買い取り」をアピールしている業者に直接連絡

不動産の売却に不可欠な不動産会社ですが、前述したように不動産会社は「買取」と「仲介」という二つの取引を行っており、役割や形態はそれぞれ異なります。

買取は不動産会社が物件を直接買い取る形です。仕組みは至ってシンプル。買取を扱う不動産会社が出した査定価格に売主が合意すれば、それで売買の手続きへと進んでいきます。買い取ったあとに物件をどうするかは不動産会社の自由で、リフォーム後に中古物件として売り出すこともあれば、古家を解体して新築の建売業者に土地を売却することもあります。また、建売業者が直接買い取りをするケースもあります。

築古の物件は買取がおすすめ

売りにくい物件を相続してしまった、急いで売却して現金化したいなどの場合、この買取がおすすめです。買取業者を探す方法としてもっとも手っ取り早いのが、インターネットや街の広告などで「買い取ります」とアピールしている会社に直接連絡をしてみること。不動産会社が買い取ってくれるため、相場から1〜3割程度安い値段で取引されることがほとんどですが、通常は1カ月もあれば現金化できます。ただし、売りにくいと思われる物件には非常に低い金額を提示してくることもあります。

少しでも高く売りたいなら、最低3社に価格を査定してもらいましょう。損をしない買取の進め方については、次章で詳しく説明します。

STEP 8
不動産仲介のプロに買主を探してもらう

高く売りたい場合は「仲介」を選ぶ

一方、不動産会社に依頼して買主を探してもらう「仲介」では、一般市場から買主を探します。この場合は不動産会社が営業したり広告を出したりしてくれますが、買主が見つかるまでに時間がかかるというリスクがあります。

一般に、売却価格は不動産会社と協議のうえで決めますが、ある程度の希望は聞いてくれます。仲介手数料として不動産会社に支払う仲介手数料は、買主と契約を交わした金額の3％が相場です。買取会社に頼むよりは高く売却することができるため、多少時間がかかっても高く売りたい場合は仲介から検討しましょう。契約が決まらない限り、仲介手数料はかかりません。また、なかなか買い手が見つからなければ買取に切り替えるという方法もあります。

ただし、仲介にはいくつかの契約形態があるので注意が必要です。かしこい仲介の活用術は、第5章で紹介します。

第4章

買取業者が高く買ってくれる家、安く叩かれる家

意外に多い「買取」のメリット

売価を知られる心配がない

築古物件、土地の形状が整っていない（整形地でない）物件、広すぎる物件（１００坪以上）や地方の狭すぎる物件（30坪以下）など、一般募集しても買い手がつかなそうな物件であれば、私は「買取」を選択したほうがいいと考えています。

買取のメリットは、なんといってもすぐに現金化できること。買取業者に提示された金額に合意すれば、契約はトントン拍子で進みます。どんなに家が古かろうが、傷んでいようが、そのままの状態で買い取ってくれるのですから、売主側はリフォームをする必要もないし、家の中を内覧に向けて整えたり、買主候補の対応をしたりすることもないため、時間も手間もかかりません。

また、ウェブサイトやチラシなどに売却の情報が載ることもないので、水面下で売却を進めることができます。売ろうとしていることを親戚などに知られたくない、売価を近所の人に知られたくない場合も、買取であれば問題ありません。

契約不適合責任が免除される

買取のメリットはほかにもあります。日常の買い物と違い、不動産の売買は金額のケタが違います。どんなに古い家でも、買うほうはまとまったお金を支払わなければなりません。それなのに、購入して実際に住んでから買主が不具合に気がつくことはよくあります。それを救済する制度として「契約不適合責任」が設けられました（2020年の民法改正以前は「瑕疵《かし》担保責任」と呼ばれていました）。

よくあるのが雨漏りの被害です。売主が暮らしていたときは特に問題なく過ごしていたものの、昨今はかつてない自然災害が続いています。大雨に見舞われて初めてその家が雨漏りをしていることを知った。買ったほうもそんな状態であることは聞いていないし、売り手もそんな状態であったことを把握していない。「もし事前に知っていたら買わなかった」というクレームは数多くあります。

そうしたとき、誰が責任を負うのかといえば、売主に責任があると見なされてしまうのです。買主は不適合を知った日から1年以内に通知しておけば、最長10年間は修繕にかかる費用を売主に請求することができます。応じない場合は多額の損害賠償を請求されたり、最悪の場合は契約そのものが解除されてしまったりすることもあり得ます。つまり、これは買主側を守るための法律なのです。ただし、売買契約書に詳しい物件状況確認書を添付したり、免責条項を加えたりすることで、契約不適合責任への対策をとることもできます。

一方、買取の場合は不動産のプロが相手なので、欠陥物件であってもそれを見抜けなかった業者の側に責任があるとして、契約不適合責任は免除されます。売主の責任が問われないので、「売ったあとも何を言ってこられるかわからない」という精神的な負担から解放されます。

市場価格より1〜3割安が目安

では、なぜそんなリスクをとって物件を買い取るのでしょうか？

もちろん、買取業者は確固たる見込みのもとに購入しています。買取業者が空き家を土地ごと買い取るのは、その土地を活用して利益を出せるというしっかりした目処を立てているからです。「家自体はちょっと古いけど、ちゃんとリフォームをすれば中古物件として販売できそうだ」「家の価値はないけど、解体して建売住宅にすればすぐに売却できるだろう」とプロの目でチェックをし、「これなら利益が出そうだ」と判断したからこそ買い取ってくれるのです。

リフォームをしたり新築を建てたりするには、当然お金がかかります。買主である不動産会社はこうした経費やリスクを計算したうえで、できるだけ安く購入して利益をのせたいと考えます。一方、売主側は築古で売りにくい家だし、買ってくれるのであればありがたいと考えがち。買取価格は相場の1～3割引になるのが一般的です。

その代わり、1カ月以内に売却が決まることが多く、売主はすぐに現金を得ることができます。仲介より売価は下がってしまいますが、早く確実に売却したい場合や、売りにくい場合、再建築不可物件（建築基準法で定められた基準に満たしていない場所に建っている家）などを相続した場合は、買取を選択したほうが賢明でしょう。

「買取」で売却するメリット・デメリット

メリット

- 業者との直接取引なので、自宅をいくらで売り出しているか、近所に知られる心配がない
- 契約不適合責任が免除されるので、売却後のトラブルを心配する必要がない
- 現状のままで査定されるので、リフォームや清掃などは不要
- 価格に合意できれば、現金化までの期間が短い

デメリット

- 売却価格は仲介と比べて1〜3割低い

良い買取業者は査定書の中身でわかる

あとから値引きを要求する買い取り業者もいる

結局、売りにくい家は安く叩かれてしまうのか、と感じた人もいるでしょう。でも、そうとは限りません。たしかに、多くの場合で家自体にはもう価値はありませんが、土地・家の売買のプロである不動産会社がリフォーム代や解体費、新築工事費を負担してまで手に入れたいということは、その土地にはまだ価値があるのです。

買取業者による査定は2～4社に依頼することをおすすめしました。査定書が出たらその金額を比較することになりますが、他よりも飛び抜けて高い金額を出しているところがあったら要注意。当初は高額を提示しておいて、あとからあれこれ理由をつけては値引いてくる悪質な業者もいるからです。

査定書を見るときは、「なぜその金額なのか」という根拠がきちんと説明されているかどうかを確認してください。しっかりした査定書は、路線価（道路に面する標準的な宅地の1平方メートル当たりの価格）などの客観的な法的価格を提示していたり、近隣の売却事例を2、3件紹介していたり、建物の築年数や傷み具合、再建築が可能かどうかなどの条件から建物の価値を明記していたりと、多角的にその家と土地の価格を査定しています。

プラス面もマイナス面も隠すことなく、説得力のある資料をもとに適正価格を出す。不動産の素人が見ても、「だからこの金額になるんだな」と納得できる説明がされています。査定書は10〜15ページくらいでまとまっているのが理想です。

一方、残念な査定書は、金額と場所と図面くらいしか書いていません。逆にやたらと分厚く、専門用語を多用して書かれているようなものもあります。相手は素人だからと適当に対応している可能性もあるので要注意です。

どんな場所でも活路を探す

買取業者がチェックする3つのポイント

買取業者が築年数の古い物件を活用して売りに出そうと考えている場合、欠陥があると修繕費ばかりがかさんで利益が出ません。そこで買取業者は建物をくまなく調べますが、そのとき特に目を光らせるのが「傾き、雨漏り、シロアリ」の3つです。

建物の基礎や構造体に不具合があると、床や壁が傾くことがあります。築古の場合、基礎の沈下や壁内部の柱の劣化などが原因と考えられますが、新築時に手抜き工事が行われていた可能性もあります。フローリングにビー玉などの転がるものを置いてみて、一定の方向に転がっていく場合、家の傾きがあると考えられます。

雨漏りをしたことがある家は、天井や壁、床などに雨染みの痕跡があるので、すぐにわかります。ひどい雨漏りがあった家は、柱や梁が雨染みで腐食していることも。

また家を売却する際、シロアリ調査で被害があった家は売主に告知する義務があります。仮にシロアリ調査済みの物件でも、調査の有効期限は5年が目安。それ以上経過している調査結果はあてになりません。期限がすぎていない場合でも、気候や湿度などの影響でシロアリが発生していることも考えられます。

どの場合も、人が住むのに適した家だとは言えません。こうした欠陥が見つかると、たとえ立地が良くても修繕費がかかるので買い取り金額は低くなります。

また、これらの3つのチェックポイントほど重要ではありませんが、買取業者によっては「駐車スペースが2台分ないと買い取らない」「3LDK以上の物件でなければ商売にならない」など、独自の基準を設けているところもあります。特に地方の共働き家庭では通勤に車が2台必要になることが多いため、駐車場が物件選びの条件になりやすいのです。

再建築不可物件にも利用価値はある

これらの欠陥があると売却ができないのかといえば、そんなことはありません。住居として売るのが難しければ、解体して新しい家を建てればいいのです。

ただし、立地によっては新たに家が建てられないこともあります。そうした土地にある建物のことを「再建築不可物件」といいます。この場合、たとえ今そこに家が建っているとしても、解体して更地にすると新たな家を建てることができません。総務省の統計によると再建築不可物件は全国に421万戸あり、15軒に1軒が該当すると

再建築不可になる立地、3つのパターン

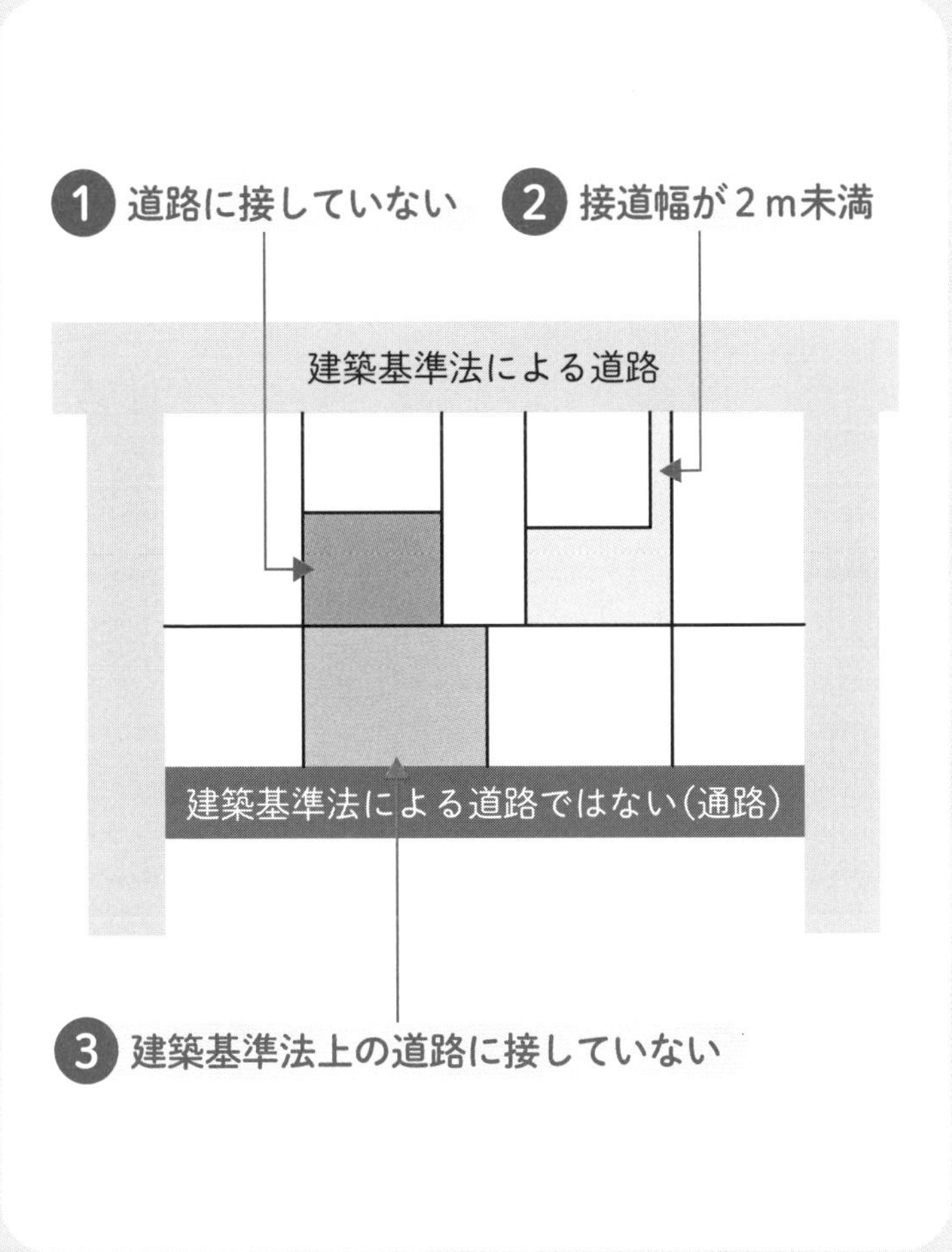

言われています。

1950年に施行された建築基準法により、敷地は「幅員4m以上の道路に2m以上接していなければいけない」（建築基準法で道路と認められない「通路」は不可）ということになり、その基準を満たしていなければ、新たに家を建てることはできません。緊急時に消防車や救急車両が入るスペースを確保するためです。

再建築不可物件は買い取らないという業者もいますが、土地として活用価値があると判断されれば買い取ってくれます。家は建てられなくても、駐車場や資材置き場など別の用途に使うことはできるからです。ですから、実家が再建築不可物件だったとしてもあきらめる必要はありません。また、リフォームやリノベーション工事を施して再販売する、もしくは接道している隣地を購入して再建築を可能にする方法もあります。実際、再建築不可物件を専門に取り扱っている業者もいます。

査定だけではわからない家の長所をアピールしよう

住人だからこそわかるその家の良さ

家が傾いていたり、雨漏りをしていたり、シロアリが発生したりと、人が暮らせるようにするのに多額な修繕費がかかる物件は解体したほうがいいかもしれませんが、古くてもまだまだ住める家はたくさんあります。私は前職の不動産会社で、そんな古家をリフォームして蘇らせ、中古物件として販売してきました。

築年数が経過している家は、どんなに住みやすくてもそれだけで査定評価が下がってしまいます。買取業者はまず築年数や敷地面積などの基本スペック、路線価や図面、建物調査の結果などのデータでその家の価値を決めます。しかし、実際に住んでみなければわからない、その家の本当の良さというのもたしかにあります。

ですから、大切な実家を売るのであれば、査定だけでは見えてこない家の良さをどんどんアピールすべきです。たとえば、部屋数は少ないけど収納スペースが充実していて部屋をスッキリ見せられる。駅からは少し遠いけど、昔から町内会などのつき合いが強制的ではなく、わずらわしさがない。都心からは少し離れているけど、夏にはバルコニーから花火が見える、などなど、住んだからこそ知っている良さがあるはずです。それらを表にまとめて伝えておくと、査定に加味されることもあります。

不動産の売買とはいえ、結局は人対人の交渉です。不動産会社の人間も感情がありますので、売主がその家の良さを一生懸命に伝えてきたら、なんとかしてあげたいという気持ちになるものです。すべての人がそうだとは言えませんが、何もしないよりはアクションを起こしたほうがいいことは間違いありません。

ただし、業者さんも昔の思い出話を延々と語られても、正直なところ困ってしまいます。自分が生まれ育った大切な家だからと美化しすぎることなく、「商品としてどれだけの価値があるか」という視点で客観的にアピールすることがポイントです。

自宅で亡くなると事故物件になる？ならない？

早期発見・自然死であれば告知義務はない

事件や自殺、事故などによりその土地や家の中で人が亡くなった場合、その物件は

「事故物件」と呼ばれることがあります。

しかし、一人暮らしの独居老人のもとに訪問介護のスタッフが訪れたら、すでに亡くなっているのが発見されるということはよくあります。「こうしたケースも事故物件になるのでしょうか？」というご質問を受けることがありますが、老衰や病死などによる自然死は、原則として事故物件には該当せず、告知の義務はありません。

これは、2021年に国土交通省から発表されたガイドラインに基づいています。

宅建業者が告知しなくてもよい場合

1. 自然死・日常生活の中での不慮の死（老衰、持病による病死、転倒事故、誤嚥《ごえん》など）

2. （賃貸借取引において）**「1以外の死」「特殊清掃等が行われた1の死」が発生し、おおむね3年が経過**

3. 隣接住戸、日常生活において通常使用しない集合住宅の共用部分で発生し

た死

（国土交通省「宅建業者による人の死の告知に関するガイドライン」より）

どんな死因だったか、取引が賃貸なのか売買なのかによって対応が異なります。

まず、自然死や不慮の事故であれば売買、賃貸いずれも告知は不要です。死因が自殺や他殺など「その他の死」の場合、賃貸であれば3年間、売買については期間を定めず告知が必要ということになっています。

また、自然死や不慮の事故であっても、遺骸が長期間放置され特殊清掃が行われた場合、賃貸は3年間、売買は期間を定めず告知をすべきとされています。

業者には包み隠さず報告したほうがいい

ただし、まわりの評判やウワサがあとあとリスクになる可能性があります。家族の死についてすべて報告をする必要はありませんが、事故物件の懸念がある場合、先に報告をしておいたほうが「この売主はマイナス面も包み隠さず話してくれる」と、買取業者の信頼を得やすくなります。

月末・期末は高く売る絶好のチャンス

良物件でも「買取」を選ぶ人が増えている

近年は仲介業者を通さず、売主から直接家や土地を買い取る買取業者が増えています。「仲介」については次章で詳しく説明しますが、広く市場から買い手を見つけるので時間はかかるものの、「家を高く売る」という点で考えれば、本来は仲介業者を通したほうが多くの場合で高く売却できます。

しかし、「買取」で売却するメリット・デメリット（084ページ）で紹介した通り、仲介業者を通して売却すると、仲介手数料として売価の3％以上を仲介業者に支払わなければなりません。その費用を節約できることもあり、またあわよくば高く売れるかもしれないと、「買取」に賭けてみる人も出てきています。

ただし、理由はそれだけではありません。仲介業者という第三者を通すと買い手の意思が売主に正確に伝わらず、商談が曖昧になってしまうことがあります。その点、直接商談をする買取業者であれば、売主の意向を正確につかむことができます。つまり、話が早くまとまりやすいのです。

買取業者の増加で売主にチャンス到来

買取業者は古家をリフォームして販売する、建物を解体して建売住宅として売り出す、土地のみで販売するなどします。いずれにせよ修繕や解体にはお金がかかるので、価格は相場の8割くらいで仕入れたいと考えています。

ところが、近年はこうした買取業者が増えて競争が激しくなっているため、相場並み、ときには相場以上の高値で買い取ってくれることもあるのです。

相場価格より高く売るコツは、業者間で競争をさせることです。査定は少なくとも2、3社に依頼し、最低でも2社をてんびんにかけます。買取業者は売主と直接やりとりをするので、売主の意思がわかっています。しかも、そこにライバルの存在まで判明すれば、交渉次第で上限価格まで買値を上げてきます。

こういうと、何か難しい交渉のテクニックが必要なように見えるかもしれませんが、

仲介と買取の場合の手取額の比較
（築40年古家つき70坪の土地の例 ※諸費用は概算）

仲介の場合

坪単価15万円×70坪＝土地価格1050万円

諸費用

仲介手数料 （売買価格×3％＋6万円×消費税）	41万2,500円
印紙代	1万円
残置物撤去費用	30万円
解体費用	120万円
諸費用合計	192万2500円

手取り金額　￥857万7,500円

（※残置物の撤去は必要な場合）

買取の場合

土地価格840万円（仲介の土地価格の80％と想定）

諸費用

印紙代	1万円
諸費用合計	1万円

手取り金額　￥839万円

▼

手取りの金額は仲介と買取であまり変わらない

そうではありません。他社の存在をきちんと話し、買取金額を提示されたら「他社の金額を待ってお返事します」と伝えればいいだけ。

買取事業にはすぐに買い取り費用を支払う資金力が必要なため、そこそこの体力を持った大手か中堅の会社であることがほとんどです。そうした会社の場合、社員一人当たりの月ごとの仕入れ目標がきっちり決められています。彼らには、「今月はあと○件、仕入れなければならない」というプレッシャーがあるのです。担当者の上司であるマネージャーも同じ境遇ですし、結局はサラリーパーソンですから、「仕入れ目標を達成する」という思考が先立ちます。

そうすると、月のはじめは買取価格の提示を低く抑えていた物件も、ノルマを達成するために、月末が近づくにつれて高めのオファーを出してくることがあります。この傾向は、年間決算月、半期決算月という年に2回ある「締め月」にはより明確です。

結論として、高く売るには月末まで延ばし、タイミングが合えば決算月まで2社をてんびんにかけながら待つのが最善の方法です。

売り時だと感じたら素早い決断も必要

もちろん、この方法にはリスクもあります。月末までに営業担当者が別の物件の買い取りを完了しノルマを達成してしまうと、翌月に持ち越しになります。あるいは会社の仕入れの方針が変わったり、その地域での買い取り目標を達成してしまったりすると、急に相手にしてくれなくなることもあります。

不動産は「生モノ」です。このような事態を避けるためにも、担当者とは良好な関係を築いておき、いざとなったら素早く決断することが大切です。

新参業者は〝広告代〟として高く買い取ることも

どの買取業者も、同じエリア内でずっと営業活動をしていては件数が伸びません。そこで、市場のありそうなエリアに進出していくことになります。

しかし、どの地域にも先行している同業者が存在します。そこに割って入ろうとすれば、買い取り金額を高くせざるを得ません。通常、仕入れは不動産業者を経由して行いますから、まずは地域の業者さんに認知してもらわなければならないのです。

「A社が当地に進出してきた。しかも高く買い取ってくれる」

この評判を得たいがために、当初は採算を度外視して仕入れます。それで数カ月から1年くらいして買取業者としての認知度が高まったら、今度は採算のとれる買い取り金額を提示していくイメージです。仕入れないことには商売にならないわけですから、高値で買い取るのにかかった費用は「広告宣伝費」と割り切ります。その上限は会社によって違いますが、だいたい他社の買い取り価格の2割増しくらいです。

私の地元の九州では、数年前から大手のパワービルダーが続々と進出してきています。一つの例として、地域の業者が出した1200万円という買付価格に対して、新参業者は無条件、即決で2割上乗せの1450万円を提示して買い取ったことがありました。それは一時的な現象でしたが、こうした動きと売り手のタイミングが合えば、思いのほか高値で買い取ってもらえるのです。

「いくらでもいいです」は業者の思うつぼ

あえて足もとを見せる必要はない

売ろうとしているのが築古の戸建てだったり、再建築不可の土地や土砂災害特別警戒地区（災害ハザードマップでレッドゾーンと呼ばれるエリア）の物件だったりすると、「どうせ売れないだろう……」と最初からあきらめてしまいがちです。

そんな家や土地が売れたらラッキーだと考え、「買い取ってもらえるなら、いくらでもいいです」などといってしまう人がいますが、それは絶対にやってはいけません。日本人らしいといえばそうかもしれませんが、不動産の売却に「謙虚」は不要！たとえ高く売れそうもない物件だと思っていても、あえて先に足もとを見せる必要はないのです。

最初に下手に出ると、「この人はとにかく売れさえすればいいんだな」「早く現金が欲しいんだな」「不動産を持つことのわずらわしさから解放されたいだけなんだな」と見られ、低めの金額を提示されてしまうからです。

どんなに条件の悪い物件でも、まずは複数社に査定を依頼すること。そして、その中身をじっくり比較し、自ら選ぶことです。

買取と仲介の間をとった「買取保証」とは

「仲介で売れなかったら買い取ります」は危険

「買取」と「仲介」の一般的な使い分けとしては、築古の物件や整形地でない物件などは「買取」、リフォームをして中古物件として再活用できそうであれば「仲介」という選択肢がいいとお伝えしてきました。

ところが、仲介で中古物件として売りに出したものの、なかなか買い手が見つからない場合もあります。このまま売れなかったらどうしよう……。そんな不安を解消するためにあるのが「買取保証」です。買取保証とは、「買取」と「仲介」の中間をとったようなものです。通常、買取業者との間で金額が決まれば、すぐ買取の手続きを進めます。買取保証の場合、まずは仲介を目的とした販売活動を一定期間行い、その間に話がまとまらない場合は、事前に取り決めた金額で不動産会社に買い取ってもらうというものです。仲介による売却だと買い手がいつ見つかるかはわかりませんが、買取保証があれば、最悪いつまでも売れないということにはなりません。

不動産を売却したあと、その収入を相続税の支払いにあてる必要があるなど、時間に制約がある場合はスケジュールを立てやすい買取保証にしておけば安心です。

買取保証の仲介期間は3カ月程度に設定されるのが一般的で、それをすぎると買取に切り替わります。買取となった場合、仲介手数料は発生しませんが、仲介よりも安い金額で売却することになります。

買取保証は信頼のおける不動産会社に

仲介の不安要素を解消し、期間内に成約すれば買取より高い金額で売却できる。まさに〝いいとこどり〟の方法に見えますが、買取保証にもリスクはあります。

まず、買取保証をする場合、専任媒介または専属専任媒介で不動産会社と仲介契約を結ばなければなりません。仲介における媒介契約の種類については次章で詳しく説明しますが、一度契約をすると途中で不動産会社を変更することができません。

良い不動産会社にめぐりあえればいいのですが、残念な不動産会社は最初から買取に持ち込むつもりで、仲介売却に欠かせない売却活動の手を抜くことがあります。

買取保証の安心感があるとはいえ、売り手としては仲介によって相場価格で売却できるに越したことはありません。買取保証を選ぶ場合は、具体的にどんな仲介業務を行う予定なのか、また実際に行っているのかを必ず確認するようにしましょう。

1カ月経っても買い手が見つからない場合はどんな対策があるのか、2カ月経っても見つからない場合はどうするのかなど、細かく確認しておくことが大切です。

仲介から買取に切り替えられる？

買取保証という形をとらず、仲介での売却を進めてなかなか買い手が見つからない場合、仲介から買取に売却方法を変えることも可能です。しかし、「仲介では難しそうだから、買い取ってくれませんか？」という言い方をすると、安く買い叩かれてしまうことがあります。

先にもお伝えしたように、売主が自分の物件を過小評価すると足もとを見られてしまいます。ここは一度スタート地点に戻って、複数の買取業者に査定を依頼し直しましょう。不動産という大きな取引なのですから、あせりは禁物です。

第5章

仲介業者に1円でも高く買ってもらう9つのポイント

「仲介」のメリット・デメリット

これまで解説してきた通り、一般的に売りにくい物件を相続した場合は買取、そこまで悪条件でなければ仲介を選びます（ただし、仲介業者は「売りにくい物件」でもなんとか対応してくれる場合があるので、一応ダメ元で聞いてみましょう）。この章では、仲介を選んだ場合の具体的な進め方について見ていきます。

まず、仲介の場合は仲介手数料がかかります。これは宅地建物取引業法によって上限額が決められていて、不動産会社はそれを超える仲介手数料の請求はできません。次ページの通り、上限額は成約額（取引額）に応じた計算法で算出します。

仲介手数料は成功報酬なので、活動の成果として売買契約が成立しなかったり、売却を途中でやめたり、「仲介」ではなく「買取」に切り替わったりした場合、仲介手数料を支払う必要はありません。

仲介手数料の速算式

（2018年の法改正で、400万円以下の物件の売却では上限額が「18万＋消費税」に改正された）

成約額が200万円以下	成約額（税抜）×5%＋消費税
成約額が200万超～400万円以下	成約額（税抜）×4%+2万円＋消費税
成約額が400万円を超える場合	成約額（税抜）×3%+6万円＋消費税

仲介は予定が立てにくい

業者が直接買い取ってくれる「買取」と違い、「仲介」は一般市場のなかから買い手を見つけるので、販売活動期間が必要になります。人気のエリアにある物件ならすぐに買い手が見つかることもありますが、そうではない場合、いつ買い手が現れるかわからないリスクがあります。

また、複数候補者が上がった場合、内覧に何度もつき合わなければなりません。そのために家のなかを片づけたり、仕事のスケジュールを調整したりしなければいけないので、時間と手間がかかります。

ようやく買い手が決まっても、買主が住

宅ローンを組むための審査や契約など、さまざまな手続きが必要になるため、実際に現金を手に入れるまでに時間がかかることもあります。少し時間がかかってしまっても、できるだけ高く売却したいという人には「仲介」の選択はアリですが、すぐに現金が必要な人は、「予定が立てにくい」というリスクがあることをまずは知っておいてください。

「売れてひと安心」のはずが……

「仲介」にはもう一つリスクがあります。第4章で「契約不適合責任」について説明しましたが、仲介で取引をした場合、売却後でも雨漏りやシロアリなどの不具合が見つかると、その責任を売主がとらなければなりません。

売却後1年以内という期限は設けられていますが、売却が無事に終わり、ホッとしたのも束の間、「あそこに不具合が出た」「ここにも不具合があった」など次々とトラブルが発生し、多額の修繕代を支払うことになってしまっては大変です。

こうしたリスクを回避するためにあえて買取を選択する人もいますが、事前に対策をとることで安心を手に入れられるので、過度に心配する必要はありません。

「仲介」で売却するメリット・デメリット

メリット

- 「買取」より1～3割高く売れる

デメリット

- 買い手がいつ見つかるかはわからない（売れるまでに時間がかかる）
- 希望する価格で売れるとは限らない
- 室内の清掃や片づけ、購入希望者の内見へ対応をしなければならない（家屋を残す場合）
- 売れた後も「契約不適合責任」を負っており、不具合が出たら責任を持って対処しなければならない
- 売りに出したことが周囲に知られる
- 仲介手数料がかかる

家の状況は「物件状況等報告書」に漏らさず記入する

土地や家を売却するときには、家がどんな状態にあるのか、売主の方が知りうる現況をできる限り買主に知らせることが非常に重要です。国も、家の損傷や不具合についで記入した「物件状況等報告書」を売主が作成し、買主に手渡すことを推奨しています。これによって、将来の紛争を防止することができます。

万一、売主が不具合や欠陥を知りながら買主に告知していない場合、引き渡し後でも修繕や損害賠償を求められるリスクがあり、さらには契約解除などの深刻なトラブルに発展する可能性があります。

ただし、売主が把握している欠陥や不具合を買主に説明し、買主はそれを容認して契約を締結した場合、売主が責任を負う必要はありません。なお、ここでいう欠陥には「事件」「事故」「自殺」などの心理的なものや、「騒音」「振動」「臭気」なども含まれます。

仲介業者の3つの契約形態

仲介売却は良い不動産会社に出会えるかがカギ

仲介売却で重要なのは、はたして買い手が見つかるかどうかです。その重要な役割を担うのが、仲介役として入る不動産会社です。ここでは仲介業者と呼びます。仲介業者は字のごとく、売りたい人と買いたい人をつないでくれる存在。それだけではなく、不動産売買に必要な書類の手配や手続きの代行などもしてくれます。

仲介業者を通して売却する場合、売主は仲介会社と「媒介契約」という契約を結ぶことになります。媒介契約には「一般媒介契約」「専任媒介契約」「専属専任媒介契約」の3つのスタイルがあります。どの契約にもそれぞれにメリット・デメリットがあるので、詳しく説明していきましょう。

【一般媒介契約】

3つの媒介契約のなかで、売主にとっていちばん自由度が高いのが一般媒介契約です。仲介業務を行っている不動産会社であれば、複数社に依頼することができます。

都市部の人気エリアや築年数の浅い家など、すぐに買い手が見つかりやすい物件を相続した場合は、一般媒介契約で数社に競争してもらい、いちばん高く買ってくれる買主に売却するといいでしょう。ただし、複数の仲介業者それぞれへの対応が必要になるので、連絡が頻繁に来るといったわずらわしさを感じることがあるかもしれません。

また、仲介業者は複数の会社とてんびんにかけられているので、高く売れそうな「おいしい物件」には力が入りますが、そうでない物件の場合、とりあえず不動産情報サイトに物件紹介を載せておしまい、ということもあります。頑張って販売活動をしても、他社にとられてしまえば1円たりとも利益が出ないからです。

誰もが欲しがる良物件でない場合は、慎重に選択する必要があります。

【専任媒介契約】

その名の通り、1社の仲介業者だけに売却の依頼をする契約です。この契約を結ぶと、仲介業者は販売活動の状況を2週間に一度、売主に報告しなければなりません。

そのため、仲介業者は力を入れて販売活動をします。買い手がなかなか見つからなさそうな地方にある家など、売却に苦労しそうな物件は、この「専任媒介契約」がおすすめです。信頼のおける仲介業者と契約を結べば、最後まで面倒を見てもらえるという安心感が得られます。

しかし、実のところそれも運次第。専任媒介契約にしたものの、契約した仲介業者に営業力がなかったり、担当者がいい加減だったりすると、売却の時期を逃したり販売価格を下げざるを得なくなったりしてしまうこともあるからです。良い営業担当者かどうかを見きわめる方法は、あとで詳しく説明します（126ページ）。

売りやすい物件でも、仲介業者にきちんと販売戦略を立ててもらい、安心感を得ながら売りたいという人には「専任媒介契約」が適しています。信頼のおける仲介業者、仕事熱心な営業担当者にめぐりあえれば、売主の期待に応えようと積極的に販売活動をしてくれるので、高く売れる可能性もあります。

専任媒介契約では、売主が自分で買い手を見つけて取引を行うこともできます。その場合、不動産売買に必要な書類の手配や手続きのみを仲介業者にやってもらいます。

【専属専任媒介契約】

専任媒介契約と同様に、1社の仲介業者にしか売却の依頼ができない契約です。専任媒介契約と違う点は、仲介会社がどのように販売活動を行ったかを1週間に一度報告しなければならないということ。そのため、専任媒介契約よりもさらに密に連絡を取り合うことになります。販売戦略を随時確認しながら進められるメリットはありますが、契約に結びつけられるかどうかはやはり担当者の営業力次第。

また、専属専任媒介契約の場合、売主が自分で買主を見つけることができず、自ら探した相手と直接契約をする場合には、仲介業者に違約金を支払わなければなりません。つまり、仲介業者の都合がいいようにつくられている契約なのです。専属専任媒介契約については、売主のメリットがあまり思いつきません。

いずれの契約にしても、重要になるのは「どの仲介業者に依頼するか」です。この選択を間違えてしまうと、本来なら売れるはずの物件が売れなかったり、相場価格よりも安く売却することになってしまったりします。

3つの媒介契約のメリット・デメリット

	一般媒介契約	専任媒介契約	専属専任媒介契約
依頼できる不動産会社の数	複数の不動産会社に依頼可	1社にしか依頼できない	1社にしか依頼できない
進行状況の報告義務	定めなし	2週間に1回以上文書かメールで報告	1週間に1回以上文書かメールで報告
自分で買主を見つけた場合	取引可能	取引可能	依頼している不動産会社を仲介人にしなければならない
契約期間	制限なし（3カ月以内を推奨）	3カ月以内	3カ月以内
売却価格	◎	○	○
スピード	◎	○	○
手間	△	○	◎

仲介でできるだけ高く売却する方法【ポイント1】査定は大手・地元各2社に出してもらう

情報発信力の大手か、ネットワークがある地場か

不動産売却のファーストステップは、自分が所有する家と土地の価値がどのくらいなのかを知ることで、それは「買取」でも「仲介」でも同じです（066ページ）。

ただし、一般市場のなかから買い手を見つける仲介の場合、販売戦略を練ってくれる仲介業者選びが重要になります。そこに対する信頼関係がなければ任せることはできません。そのため、「買取」以上に厳しく査定をチェックする必要があります。

不動産会社を選ぶ際、大手不動産会社にしようか、地元の不動産会社にしようか悩む人は多いと思います。どちらがいいかは一概には言えず、それぞれにメリット・デメリットがあります。

大手不動産会社の強みは、なんといってもそのネームバリュー。近年、不動産の売

買にはインターネットの活用が不可欠になっています。特にこれからマイホームを手に入れようとしている若い世代の人は、まずネットで探します。その点、大手不動産会社はシステム専門の部署があるなどウェブサイトで発信することが得意です。また、全国に支店があるため、ネットワークの強さも武器になります。

ただし、大手不動産会社は社員数も多いため、担当者によって営業力はまちまち。優秀な担当者に当たればこれほど心強いことはありませんが、新人で経験が浅かったり、仕事に対していい加減な人に当たったりする可能性もあります。「大手だから、任せて安心」というわけでもないのです。

一方、地元の不動産会社は古くからその土地に事務所を構えているため、住所を伝えるだけで「あ、あそこの土地ですね！」とすぐに事情がわかり、話がスムーズに運びやすいという良さがあります。また、「いい物件が出たらすぐに連絡をほしい」と地域で物件を探している顧客とのつながりがあったり、つき合いのある地主や商店街メンバーの人脈などを生かした情報収集に長けていたりします。

ただ、地方の小さな不動産会社は常に人材不足で、高齢の社長さんと年配の社員が数人でやっているようなところもあります。そういうところはいまだに口コミやチラシだけで販売活動を行っていて、ネットをあまり活用できていないケースも多いようです。地元でニーズがあればすぐに決まることもありますが、大手不動産会社のように全国に発信ができないため、隠れた希望者を見つけにくいという弱点があります。

大手と地元、どちらの不動産会社にもメリット・デメリットがあります。「多少時間がかかっても、できるだけ高く売りたい」「少し手間がかかっても、納得のいく業者選びをしたい」というのなら、大手・地元それぞれ2社の不動産会社に査定を依頼してみてください。それでおおよその相場が見えてくると思います。

ただし、「仲介」の場合は、金額だけで決めるのは要注意です。

飛び抜けて高い金額を提示する業者には要警戒

「預かり高日本一！」なんていうキャッチコピーを使った仲介業者の広告や宣伝を目にしたことがあるかもしれません。扱っている不動産数が日本一だなんて、なんだか実績のある会社のような気がしますよね。でも実態は、高めに査定をして不動産を預かっているだけということが多いようです。

たとえば査定の適性が１０００万円の物件があったとしましょう。相見積もりをとったら、900万円から1200万円の価格を提示する仲介業者が多いなか、1社だけ2000万円という価格を提示してきたらどうしますか？

売主にとってみれば、「こんなに高く売ってくれるところもあるんだ！」と飛びつきたくなりますが、買い手からすれば相場よりもはるかに高いので、なかなか売れません。こうした仲介業者と専任媒介契約を結んでしまうと、本来であれば売れるはずの物件が売れなくなってしまう可能性もあるので要注意。結局、いつまでたっても買い手が見つからないので価格を下げなければならず、当初の査定からは大幅に下回る金額で売ることになるケースがほとんどです。

不動産会社の営業担当者は、それぞれ売上目標を背負っています。そして、売り物件をたくさん持っていることを重視する会社もあります。高い金額を提示する仲介業者のなかには、「売る自信があるからこの金額を出した」という人もいますが、8割方は「いったん高く預かって、売れなければ値下げすればいい」という考え方です。

その場合、売れない物件が野ざらしになっている状態なので、時期を逃すと適正価格まで値下げをしても売れなくなってしまいかねません。実は、こういう事態はよく起きています。残念なことに、本当にお客さまのことを第一に考える会社は少ないというのが、この業界に長くいる私の本音です。

あらかじめ提示額に1割上乗せしておく

仲介で売り出すときは、不動産会社から提示された売出価格に1割上乗せするようにしましょう。たとえば提示額が1200万円だったとしたら1320万円とするのです。というのは、実際に買い手と売買交渉になったとき、多くの場合で「100万円値段を下げてほしい」というような価格交渉が発生します。不動産会社の担当者も、買い手に対して「私に任せてもらえれば、交渉して100万円下げてもらいます」というようなセールストークを使います。それでこちらがOKすれば、買い手も売り手も不動産業者もうれしい、みんながハッピーな取引になります。

良い査定・残念な査定の見きわめ　7つのチェックポイント

では、どうしたら信頼できる仲介業者を見つけることができるのか――。

第4章の「買取」の説明でもふれましたが、良い業者かどうかは査定書を見るとだいたいわかるものです。具体的にどこを見ればいいのかチェックポイントをお伝えしましょう。

仲介業者と物件の売り出し価格を決めて、いざ不動産市場に出すことになったとします。そうしたら、この時点で隣近所や知り合い（第3章【STEP4、5】）に声をかけておきましょう。だいたいの相場がわからないうちは、価格について交渉のしようがないからです。

また、自分で買取業者を調べて、直接声をかけておきます。ネットで調べる場合、「（地域名）　不動産　買取」という検索ワードになります。というのも、買取業者と売主が直接売買する場合、仲介手数料がかかりません。不動産業者を経由した買取になると、買取業者と売主は3％ずつ手数料を支払う必要があります。言い換えると、売主との直接取引だと買取業者は3％高く買い取る余力ができるのです。

また買取業者にとっては、不動産業者を通すより売り手の意向をつかみやすいため、取引がしやすいというメリットがあります。たとえば価格交渉のとき、あなたの「あと30万円上げてくれたらすぐ決めるのに」という意向も、買取業者との直接取引であれば反映されやすくなります。

❸ 市場調査はされているか

- ○ 近隣の売り出し事例や成約事例が調査されているか
  ※大事なのは売り出し事例ではなく成約事例
- ✕ そこまでの調査はしていない

- ○ 周辺の生活利便施設情報やハザードマップが調査されている
- ✕ そこまでの調査はしていない

❹ 査定書は見やすいか

- ○ 成約事例と図面が同じページに収まるなどひと目でわかりやすい
- ✕ 書体もバラバラで読み取りにくい

❺ 売却活動が書いてあるか

- ○ どんな売却活動をするのか、広告をするのか具体的に書いてある
- ✕「わが社のサイトに載せます」などと言うだけで、熱心に活動しそうにない

❻ 物件について把握しているか

- ○ 物件の近隣情報や個別の特徴(日当たり、風通し、静か、など)や長所を把握してコメント欄などに記載している
- ✕ 個別の情報は調査していない

❼ 査定書はメールでもらえるか

- ○ 査定書のPDFをメールに添付して送ってもらえる
- ✕ 電話やFAXでのやりとりが中心

良い査定・残念な査定を見きわめる7つのポイント

❶ 仲介の形態、一般仲介と（専属）専任媒介の違いなど、不動産を売るときの基礎知識や売却の流れがわかりやすく説明されているか

○ 媒介契約の３形態とメリット、デメリットが表で説明されている
× 特に説明がない

○「相談→無料査定→価格決定→媒介契約→広告→希望者見学→契約→決済・登記→お引渡し」などのスケジュールや大まかな期日が説明されている
× 書いていない、あるいはスケジュールがない

❷「なぜその価格なのか」という査定価格の根拠が明確か

○ 戸建ては土地代と建物代で分かれている
○ 土地代は取引事例や路線価から算出している
○ 建物代は原価法を用いている
× 金額だけで根拠は書いていない

○ マンションは同じ建物や近くのマンションの取引事例から算出している
× 金額だけで根拠は書いてない

○ 上記で出た金額に競合の有無や最近のマーケット状況、物件の特性を勘案して金額を補正している
× 金額補正などをしていない

○ チャレンジ価格、標準価格、最低価格の３つの幅を記載している
×「約○○万」、または「○○～○○万」などと書いてあるだけで、成約価格のイメージが弱い

【ポイント2】良い業者はウェブサイトに表れる

地域の不動産会社も情報発信力が不可欠

複数の仲介業者に査定を依頼し、ある程度の相場価格がわかったら、アポイントをとってみましょう。その際、その会社について事前に下調べしておくことをおすすめします。今の時代は、地元の本当に小さな不動産会社でない限り、ほとんどが自社のウェブサイトを持っています。

不動産会社のサイトなんてどこも同じようなものでしょ？　と思うかもしれませんが、よく読むとそれぞれの会社の特徴や社風が見えてくるものです。

良い仲介業者は、「うちは中古物件に強いです」「中古マンションならお任せください」「売りにくい土地でも売却する自信があります」など、得意分野を明確に伝えています。そして、その根拠を示すために、これまでの売却事例を紹介しています。

宮地さんおすすめ不動産サイト

ＤＬ
https://dl-estate.jp

タグボート
https://cawet.jp

三好不動産
https://www.miyoshi.co.jp

コネクトホーム
https://connecthome.jp

エステートプラン
https://www.real-eplan.co.jp

たんぽぽ不動産
https://tanpopo22.jp

大英産業
https://www.daieisangyo.co.jp

また、社長の思いを熱く語っていたり、社員の取り組みや仕事に対する情熱を発信していたりします。さらに、地元から信頼を得ていることをアピールするために、お客さまのインタビュー記事やコメントを載せていることも多いです。こうしたページを見ると、「この会社なら信頼できそうだ」「この営業担当者にぜひ仲介をお願いしたい」と気持ちが動きます。

例として挙げたのは九州・四国地方の不動産会社ですが、どの会社のウェブサイトもわかりやすいうえ、人間性も見える工夫がされています。参考までにぜひご覧になってみてください。

【ポイント3】結局は人――どれだけ親身になってくれるかがカギ

信頼できる担当者を見抜くチェックポイント

先ほど、「高すぎる査定額をつける業者は要注意」と説明しましたが、不動産の適正価格なんて、一般の方にはよくわからないもの。一つずつ根拠をあげながら査定額が示されていたら、「ちょっと他よりも高いけど……」と警戒しつつも、信じたくなってしまいます。それが思い入れのある実家ならなおさらです。

そこで、信頼できる業者（担当者）なのかどうかを見抜く方法として、三つの特徴をあげておきたいと思います。これらを見抜くには、初対面のときに気をつけて観察する必要があります。

まず、コミュニケーション能力が高く、こちらの希望や事情をきちんと聞いてくれる人かどうか。こちらの話をろくに聞かずに媒介契約の話を進めようとしたり、説明がわかりにくかったりする人は避けたいところです。

中古物件の仲介売却は、6カ月以内に売れるのが一般的という印象です。一般媒介契約では売主に途中経過を報告する義務がないので、売主のほうから様子を聞くことになりますが、専任媒介契約、専任専属媒介契約の場合は定期的に報告する義務があります。そのタイミングで、売るための対策について確認しておきましょう。きちんとした販売計画が立てられていれば、「この担当者はちゃんと考えてくれている」と判断していいと思います。

また、不動産に関する知識や経験が豊富かどうかも大切です。今までに取り扱った件数を聞いたり、実家の良いところや悪いところを聞いたりしてみて、的確に答えてくれるようなら安心です。どんなに高い金額を提示されても、売れなければ困ってしまいます。この金額を出したからにはなんらかの根拠があるはずで、それでも売れなかった場合はどのような販売計画を立てているのか、具体的に聞いてみましょう。

そのときに「いや、なんとかなりますから。心配しなくて大丈夫ですよ」と軽く流すような担当者だったら、あまり深入りしないほうがいいかもしれません。売却にともなうリスクについても何でも正直に話してくれる担当者なら、任せてもいいと考えられます。

ネットの反応を把握できているか

もう一つのポイントは、ネットからの反応について把握できているかどうかです。今の時代、中古物件を販売する際には、まずは大手売り物件情報サイト（SUUMO、at home、HOME'S）や自社のウェブサイトに掲載します。このとき、サイトのPV数（ページビュー・閲覧数）、反響数（問い合わせ数）、物件への案内数を担当者が把握している必要があります。

ＰＶ数が多いのに問い合わせが少ない場合は、サイトの紹介の仕方が悪い可能性がありますし、ＰＶ数も問い合わせ数も少ない場合は価格設定の問題かもしれないので、値下げを検討する必要があります。

逆にＰＶ数、問い合わせ数、案内数があるのに成約に至らない場合は、担当者の対応が悪いのか、物件そのものに魅力がないという見方もできます。その場合は価格設定に問題はないのかもしれませんが、その先の対策を考えなければなりません。

不動産売買において、会社選びと担当者選びのどちらが大事かと問われたら、私は迷わず担当者選びと答えます。結局のところ、物件が売れるかどうかは価格と、担当者がどれだけ親身になってくれるかで決まるといっても過言ではありません。良い担当者かどうかは、売主が見きわめなければならないのです。

もちろん〝百点満点〟の営業担当者はいませんし、相性の問題もあるので難しいところですが、不動産は高額な取引になるからこそ信頼関係が一番大切です。良い仲介業者、担当者にめぐり会えるかどうかは運も大きいですが、ここでお伝えした特徴を参考に見きわめましょう。

【ポイント4】買い手の値引き要請は必ず書面でもらう

なかなか契約が決まらなくても冷静に

家の売却を仲介業者に委ねると購入希望者を案内してくれますが、なかなか1回では決まらないもの。そんなとき、担当者からこんな電話が入ることがあります。

「先日、お宅をご案内したお客さまが前向きにご検討されています。住宅ローンの借り入れも問題なさそうで、良いお話だと思います。ただ、資金的に少し苦しいとのことで、1500万円なら買いたいとおっしゃっているのですが……」

1800万円で売りに出して3カ月、購入希望者の案内はあるものの、なかなか売れずにいたとします。売主のあなたもそうですが、担当者もきっとじりじりしているはずです。思わず「それでお願いします」と言いたくなりますが、そこは簡単に了解してはいけません。その担当者は買主と交渉することなく、伝書鳩のように買主の意向を伝えているだけという可能性が高いからです。

こういう場合、実は買主の気持ちはまだ固まっていないことのほうが多いです。そこでうかつに了解すると成約しないばかりか、この家は1500万円が価格交渉のスタートになってしまうこともあります。

口頭での交渉はあてにならない

ひどいときはそんな買主は存在せず、架空の話であることもあります。仲介業者は、売主がいくらまでなら値引きするのかを探るために電話をしてくるのです。

そんなときは、「口頭や電話ではあてにならないので、文書で提出してください」と返答しましょう。法的な拘束力はないものの、書面に残しておくことが重要です。

不動産の売買では、どこの誰がこの物件をいくらで買いたいのかという意思表明をするための、「購入申込書」という書類があります。この書類に記入があれば買主は実在し、真剣にこの物件を検討しているとわかります。

購入申込書に記載された金額が仮に1500万円だったとしても、そのまま承諾する必要はありません。1週間ほど検討してから（したフリでOK）、おもむろに1700万円と記入した「売渡証明」という書面を返します。この「売渡証明」は、売主がこの金額であれば売りますという意思表示をするためのものです。ちょっとした駆け引きにはなりますが、相手が本当に手に入れたいと思っていればその金額に応じてくれます。

なお、いくらまでなら交渉に応じるかという最低ラインは、あらかじめ決めていたほうがいいでしょう。私の経験上、売り出し価格が適正であれば約9割以内の値段で商談はまとまります。

【ポイント5】仲介手数料を値切ると業者は力を入れない

仲介業者も売主を選ぶ

仲介で不動産を売却する場合、避けて通れないのが仲介業者に支払う仲介手数料です。不動産に詳しくない一般の人にとっては内訳がよくわからないため、「もっと安くできないの？」と思う人もいるでしょう。でも、これは不動産売買に欠かせない必要経費です。仲介手数料を値切るかどうかは売主の自由なので止めることはできませんが、私はしないほうがいいと考えています。

仲介業者からすれば、「この物件でこの仲介手数料では割に合わない」と感じているケースもあります。販売活動を一生懸命したところで、これだけの利益しか出ないのならと断る業者もあるくらいです。

では、いったい仲介手数料とはなんなのか、具体的に説明していきましょう。

仲介手数料は成約額で決まります。

たとえば、2000万円で売却が成約した場合、2000万円のうちの200万円までが5・5％（＝11万円）、201万円から400万円までが4・4％（＝8万8000円）、401万円から2000万円までが3・3％（＝52万8000円）なので、合計72万6000円になります。しかし、これでは手間がかかるので、不動産業界では107ページの速算式を用いて計算します（※成約額は税別で、全体の金額に対して消費税がかかります）。

仲介手数料の内訳は、成功報酬、チラシなどの広告費用、不動産ポータルサイトへの掲載費、契約書の作成手数料、引き渡しのための事務作業費などです。広告費用をかけて煩雑な事務作業をしたとしても、成約に至らなければ仲介手数料は手に入りません。そうなると、二束三文でも売れるかどうかわからない空き家、交通の便が悪い土地などは「取り扱うだけでも赤字だな……」と考える業者が大半です。現在、空き家が日本中に増えている背景には、こんな事情もあるのです。

売主が仲介業者を選ぶように、仲介業者も売主を自由に選びます。優秀な担当者ほどプライドを持って仕事をしているので、仲介手数料の減額には応じないことが多いでしょう。また、そういわれた途端にやる気をなくし、手を抜く担当者もいます。

これまで何度もお伝えしてきましたが、仲介売買のキーパーソンは間違いなく仲介業者の担当営業です。ここにすべてがかかっていると言っていいくらい、重要な存在であることを忘れてはいけません。

【ポイント6】
第一印象を左右する玄関・水回り

室内はなるべく見栄えを良くする

仲介の場合、今ある物件に多少手を加えて中古物件として販売するのが一般的です。そのため、買主にとっては「どんな家なのか」が重要になります。

もちろん、築年数が浅いほうがいろいろな設備が整っているし、傷みも少なくて魅力的に映りますが、そこは価格との兼ね合いなので、築古物件だからといって売れないことはありません。とはいえ、大きな買い物である家選びで「選ばれる家」になるには、多少は手を入れて見栄えを良くする必要があります。

第3章の「8つのステップ」でもふれましたが、多くの買い手がチェックするキッチンやトイレ、お風呂などの水回りと玄関まわりは、ハウスクリーニングを入れるなどして印象を良くしておきましょう。

また、庭木の剪定や草刈りなども手間を惜しまずにやっておきます。これらの費用はせいぜい10万円前後。これを惜しんでしまうと、見学に来る人はいてもなかなか成約には至らず、価格を下げることになりがちです。

【ポイント7】売却後のリスクをなるべく少なくする

事前のシロアリ調査で安心を手に入れる

家を売るときにいちばん大切なことはなんでしょう。高く売れること、もしくは早く売れることと答える方が多いかもしれません。

どちらも売主にとっては大切ですが、私は「トラブルなく適正な価格で売れること」が非常に重要だと考えています。

第4章で説明しましたが、仲介で売却する場合、建物に対する責任は売主側にあります。契約不適合責任の対象になりやすいトラブルにシロアリ被害があります。

家を売却する際、シロアリ被害があることを認識していたら、必ず買主に報告すること。それを買主に知らせずに売却してあとから発覚すると、買主から責任を問われたり訴えられたりすることがあります。

床や廊下を歩くとギシギシと床鳴りがしたり、柱などに亀裂が見られたり叩くと空洞音がしたりする場合、疑ったほうがいいかもしれません。トラブルの芽を摘んでおくためにも、シロアリ調査は売却前に売主がやっておいたほうがいいでしょう。

シロアリ調査について、調査見積もりは無料のところがほとんどです。家の規模にもよりますが、施工費用は1戸10〜20万円くらいが相場です。室内がどのような状況になっているかにもよりますが、少し修繕をすれば大丈夫という程度であればしておくようにしましょう。

一方、床を全部張り替えなければならない、柱に大きな穴が空いてしまっているなど手の施しようがないくらい悪い状況なら、かなりの修繕費用がかかってしまいます。そうなると、思い切って更地にして売りに出すという選択肢も視野に入れなければなりません。

古い家ほど「安心材料」が武器になる

シロアリ調査を行うと業者から検査報告書を受けとりますが、調査結果の有効期間は5年とされています。売却の際、必ずしもこの報告書を提出する義務はありませんが、あると仲介業者はアピールしやすいですし、買い手も安心します。その結果、売却が意外に早く決まることもあるので、調査をしておくことをおすすめします。安心材料としての効果が高いうえ、契約不適合責任のリスクも回避できます。報告書には写真が添付されていますし、水漏れなどが見つかる場合もあります。ただし、アポなしでやってくる訪問販売業者や、いいかげんな無料点検で別工事を請求してくる業者もいるので気をつけてください。「日本しろあり対策協会」に加盟している地元の業者がおすすめです。

以前、知り合いが担当した物件でこんなことがありました。

その家は、建物の床下に点検口がなかったので、シロアリの調査をせずに売却をしました。契約時、口頭で調査はしていない旨を正直に伝え、残金決済を済ませて、無事に引き渡しが完了。ところが、1カ月が過ぎて買主から「シロアリが出た」と連絡があり、調査費用と補修費用として約200万円の請求が来たのです。

弁護士を入れて話し合いが行われましたが、折り合いがつかず契約は解除。売却代金を返却しなければならなくなったうえ、弁護士費用として100万円の出費がかさみ、売れない家が残ってしまったのです。こうしたトラブルを避けるためにも、やはり事前にシロアリ調査をしておくことをおすすめします。

売価ばかりにとらわれていると、家が商品であることも、売買の当事者であることも忘れがちです。特に仲介売却の場合は、トラブルが起きても間に入る不動産の専門家がなんとかしてくれるだろうと思いがちです。

優秀な担当者ならあらかじめ対策を立ててくれますが、不動産の所有者は自分であるという認識を忘れてはなりません。

【ポイント8】インスペクションは高く売る「お墨付き料」

適正価格の根拠となる調査

インスペクションという言葉を聞いたことはありますか？　これは住宅の劣化や不具合を専門家に調査してもらい、修繕やリフォーム、メンテナンスすべき箇所やタイミングなどを客観的に判断してもらう「住宅の健康診断」のようなものです。建物調査と呼ばれることもあります。

調査では建物の基礎や柱、壁、梁、床組みなど構造耐力上の安全性がわかる部分、屋根や外壁、サッシなど雨漏りや水漏れにかかわる部分、設備配管に関して劣化が生じやすい給水管、給湯管、配水管、換気ダクトなど、家のなかのさまざまな場所をチェックします。費用は一戸につきおよそ5万円です。

築年数が古い家はなんらかのトラブルを抱えていることがほとんどです。本来はそれを事前に見つけ、修繕しておくことが望ましいのですが、修繕工事に時間がかかると売りどきを逃してしまうため、仲介業者からインスペクションを行うことを積極的には提案されないのが現状です。

しかしシロアリ調査と同じように、契約不適合責任に問われるリスクを回避できるため、私としてはこの調査をやっておくことをおすすめします。

インスペクションがあれば、仲介業者が出す査定の判断材料としても使えます。また、価格交渉が始まった際にも、購入希望者からの値引きに対抗する根拠になります。

築年数が20年以上の家なら、インスペクション費用の5万円は高値で売るための「お墨付き料」のようなものだと考えましょう仲介業者と売却の相談をするとき、「インスペクションというものがあると聞いたのですが、やっておいたほうがいいですか？」と質問してみるのもいいでしょう。その際にきちんと説明をしてくれるかどうか。これも、信頼できる業者かどうかを判断する目安になります。

【ポイント9】中古物件の売りどきは1〜3月か9〜12月

不動産リフォームの繁忙期は1〜2月

不動産は「売ろうと思ったときが売りどき」とよく言われます。ですが、1円でも高く売りたければ需要の増えるタイミングを見きわめることも重要です。

日本では学校の新学期、会社の新卒入社など、新生活が4月からスタートします。このタイミングに合わせて、3月に住居を変える人が多くいます。引っ越し業界はまさにこの時期が繁忙期。お値段もグンと上がりますよね。

では、不動産の需要が高まるタイミングをご存じですか？　実は9～12月が買取業者の仕入れどきです。思ったより早いと感じるかもしれませんが、買い取ったあとのリフォーム工事の期間が必要なのです。

一方、仲介販売の場合はリフォームに時間をかける必要がない場合も多いので、1～2月が売れどきになります。

こうしてどの中古物件も一気に手直しにかかるので、リフォーム工事は1、2月に集中しやすくなります。つまり3月に売却が決まったとしても、新生活がスタートする4月には間に合わないことが多いのです。そうなると売れる物件も売れなくなるので、担当者は「2月までに契約をとらなければ！」と積極的に動いてくれます。

また、第4章でもふれましたが、不動産会社には「仕入れ目標」があります。特に大手や中堅の不動産会社は決算期が公表されているので、期末のタイミングを狙うと交渉に応じてくれることもあります。大がかりなリフォームが必要ない場合は、期末の3月もねらい目です。

売れるマンション・売れないマンション

売れるための絶対条件は「立地」

さて、ここまではおもに戸建てをできるだけ高く売るポイントについてお伝えしてきました。では、中古マンションの場合はどうなるでしょう？　まずは売れるマンション・売れないマンションの特徴を見ていきます。

中古マンションを売却する際、ここでも大きなアドバンテージになるのが立地です。さまざまな個性のある戸建て住宅と違い、マンションは間取りがある程度画一化されています。同じような条件のマンションの場合、都市部へアクセスしづらいマンションより、都市部にある、もしくは都市部に近いマンションのほうが価値が高いのは当然といえば当然です。特に、今の若いファミリー層は共働きが多く、駅近のマンションは中古物件でも人気で、当初の想定以上に高く売れることがあります。

また、これはマンションに限りませんが、築年数がそれほど経っていない、近くに学校や病院、大きなショッピングセンターがあるのも、若いファミリー層がマイホームを選択する際のポイントになります。

マンションが売れない5つの理由

マンションの平均売却期間は約6カ月。それをすぎても売れない場合の原因と対策はそれぞれ以下の通りです。

❶価格が高い
↓適正な価格で売り出す

❷立地が良くない（昔は建築費が安かったので郊外のマンションも売れたが、最近は買い手が少なくなってきたので買い物などの利便性の高い好立地しか売れない）
↓これからさらに安くなるので早めに手放す（賃貸にするのも手）

❸タイミングが悪い（同じ時期に同じような間取りのマンションが売りに出ている）
↓販売時期をいったんずらす

❹**不動産会社の動きが悪い**（ネット掲載や近くの賃貸マンションにチラシを配るなどの売却活動をやってくれない）

↓販売計画について話し合う（ダメなら3カ月を目処に会社を変える）

❺**管理会社がきちんと仕事をしていない**（住民の代表である管理組合が機能しておらず、エントランスや外部廊下など共用部分の清掃や管理がいいかげん）

↓自分が住むのであれば管理組合に働きかけるのも手だが、そうでなければ早めに手放す

郊外の大規模マンションには要注意

築年数が古いマンションも売れにくい傾向にあります。特に昭和56年以前に建てられた旧耐震基準のマンションは、耐震上の不安からも敬遠されます。

もう一つ、中古マンションの売れ行きは管理組合の有無が大きく影響します。「マンションに管理組合があるのは当たり前でしょ」と認識している方は多いと思いますが、実は管理組合がない、あるいは管理組合があっても十分に機能していないというマンションもまれに存在します。

管理組合とは、分譲マンション区分所有者によって結成することが定められている組合のことです。マンション組合は法律に基づいて組織され、組合員から選出した代表（理事）によって構成される「理事会」を中心に運営されます。

具体的な活動内容は、予算案の承認や役員の選出、管理会社との管理委託契約などです。ここでも重要なのは管理会社の選定と管理委託契約の内容です。管理会社の仕事はエントランスやエレベーター、駐車場など共用部分の清掃・設備点検といった日々のメンテナンスから、管理費や修繕積立金の管理まで多岐にわたります。

マンション住民の毎日の生活は、管理会社によって支えられていると言えます。その管理会社の良し悪しでマンションの資産価値は大きく変わってくるので、おろそかにしてはいけません。

管理組合がしっかりしているマンションは、清掃が行き届いており、住民の秩序が常に保たれています。逆に管理組合がないマンションは、廊下にゴミが落ちていたりして見た目が悪いだけでなく、住民同士のトラブルも発生しやすいようです。

管理組合は存在するものの、管理状態に問題があるマンションもあります。たとえば、郊外にある総戸数100戸以上のマンションには要注意。そうしたマンションは築20〜30年で住民の高齢化が進み、管理組合の総意がとりにくい傾向にあります。これから長くここに住もうと思っている若い世代と違い、「じきに自分はここを去るのだから……」と当事者としての意識が薄れてしまいがちです。そのため、大規模な修繕工事で各住民に一時金の拠出を求める議決をとるような場合、高齢者は反対にまわることが多くなります。そうなるとなかなか住民の合意が形成できず、建物はどんどん劣化していきます。

一方、40戸以下の小規模なマンションは積立金の不足が懸念されます。実家のマンションには管理組合があるかどうか、ある場合は修繕積立金が不足していないかどうか、状況を事前に確認しておきましょう。

相場から大きくかけ離れた金額では売れない

中古マンションの売価は築年数や立地、管理組合の有無、駐車場の有無やスタイル（平地か立体駐車場か）など、さまざまな条件のかけ合わせで決まります。目安となるのは、近隣の同じような条件の物件が最近どのくらいの価格で成約したかです。

そのため、売り出し価格を決める際には、周辺のマンションの価格から大きく外れた金額を設定することは得策ではありません。どんなに家のなかがキレイでも、「この場所でこの金額は高すぎる」と判断されてしまうからです。

ですから、マンションの査定書には必ず周辺の中古マンションの売却事例が紹介されています。逆にこれがない場合は不親切な業者と判断してもいいでしょう。

第6章

「なかなか売れない家」のもう一つの売却法

不動産会社が見向きもしない〝負動産〟とは

なかなか売れない家は「売りどき」を待ってみる

さて、ここまで不動産売却における買取と仲介それぞれのメリット・デメリット、少しでも高く売る方法についてお伝えしてきました。

ですが、なかにはどうしても買い手が見つからない物件もあります。人口減少が著しい地域にある家、山の上など立地に難がある家、再建築不可の土地や家屋などです。こうした家は買い手を探す手間がかかるうえに、売価が低くて手数料が稼げないため、仲介業者はなかなか相手にしてくれません。

買取業者も活用が難しそうな物件、つまり自社の利益が見込めなそうな土地の取得には難色を示します。「どんなに安くてもいいから買い取ってほしい」というなら買い取りが成立するかもしれませんが、はたしてそれが本当にいい選択なのかどうかは判断が難しいところです。

そこでこの章では、「賃貸などで活用しつつ売りどきを待つ」という方法についてご紹介していきます。

家賃４万円以下なら入居希望者は意外に多い

シャッター商店街に若者が集まった

第２章の冒頭で、相続した実家の活用法について、賃貸にまわすなど複数の選択肢がある人は全体の約２割だとお伝えしました。中古でも借りてくれる人がいる物件は、便利な場所にあったり、築年数が比較的浅かったり、きちんとお金をかけてリフォームされていたりと、それなりの魅力を持ち合わせているからこそ選ばれます。

ですが、なかには少し不便な場所にあっても、築年数が古くても、安い家賃で借りられる家を求めている人もいます。実は地方ほどその需要が高いのです。

九州地方のとある街の商店街にあった家の話です。その家はかつて店舗兼住居で、建物は面積150平方メートルほどの2階建て木造家屋。高度成長期のころは商店街にも活気があり、いつも賑わっていました。しかし、現在はシャッターを閉めている店も多く、閑古鳥が鳴いています。今後、この商店街にかつての活気が戻るのは難しそうです。解体して新しい家を建てようにも、まわりが空き店舗だらけなので、新築物件としても売り出しにくく、買取業者も動いてくれません。このまま放っておいても維持費や固定資産税がかかるだけ……。

そこで耐震性とデザイン性を考慮したリフォーム工事を行い、シェアハウスとして貸し出してみることにしたのです。家賃は一部屋3万円で5部屋を用意しました。すると、意外なことに若い世代の人たちがこぞって借りてくれたのです。

このケースは、駅近の物件だったことがポイントでした。また、昨今のレトロブームの影響から、あえて古い家に住んでみたいという人が多くいたようです。おかげで5部屋は常に満室。1カ月に15万円もの安定した家賃収入が入ってくるようになったというのです。

リフォームなしでも借りてくれる人はいる

人が住んでくれることで風通しが良くなる

家の売却と同様、賃貸に出す場合もきちんとリフォームをしなければ借り手が見つからないと思われがちです。たしかにキレイにリフォームされた家は見た目もいいし、住むにも快適なのは間違いありませんが、そのぶん家賃を高めに設定することになります。都心の便利な場所にあるならともかく、そうでない場合は高額のリフォームに見合った家賃を払える人がいないこともあり得ます。

持っているだけで維持費がかさむ空き家は、安くても人に貸したほうがいい場合があります。世の中には家を借りたくても借りられない人たちがいるからです。日々の生活に困っている貧困層の方、高齢者や障がい者、外国人労働者などです。

そんな人たちは、家がどんな状態でも、借りられるだけで有り難いものです。食卓テーブルや食器棚、タンスやベッドなどの家具も、以前のものがそのまま置いてあるほうが生活面で助かるという場合もあります。貸す側はリフォーム代も家具の処分代もかからないうえ、なにより人が住むことで家の風通しが良くなります。これは持ち主にとって大きなメリットです。

もちろん、人に貸すことのリスクもあります。どんな人が住むか確実にはわからないし、家賃を安定的に支払ってくれないかもしれません。でも、売れない物件を放置しておくより、活用したほうがメリットは大きいと私は考えます。

また、これは都心や地方でもその町に魅力を感じて移住してくる人に多いのですが、「好きなようにリフォームOK」といって貸しに出すと、借り手が見つかることもあります。持ち主としてはリフォーム代や処分代がかからないし、借主があわよくばその家を気に入り、買い取ってくれたらラッキーです。

近年、自分たちの家は自分たちでつくりたいと考える若い世代の人たちが増えています。そういう人とうまくマッチングすると、お互いがハッピーになれます。

「ペット可」「楽器可」も築古賃貸ならでは

賃貸物件では、ペットを飼うことや楽器の演奏が禁止されていることが少なくありません。室内に匂いがついたり、壁や床を傷つけたりするほか、動物の鳴き声や楽器の演奏音が近隣の住民とのトラブルに発展するリスクが高いからです。

一方、ペットを飼っている人や楽器の演奏を好む人は、まわりからのクレームにおびやかされることなく、安心して暮らしたいと考えています。しかし、ペット可の物件や防音室が整備された楽器可の物件は全体的に家賃が高めです。

そんな人たちのニーズを見越して、実家を「ペット可」「楽器可」の物件として家賃を抑えめにして貸し出すと、予想以上に多くの問い合わせがきます。場合によっては、即決してくれる人もいるほどです。

ただ、こうした需要をあてにして貸し出す場合、近隣の理解も必要になります。貸す側はどうせ売りに出そうと思っていた家だし、家賃が入れば好きなように使ってもらってかまわないと考えますが、近隣の人からすれば少し迷惑な話です。

そのため、どの物件でも可能なわけではありません。まわりに家がない、広々とした敷地を所有している場合などは検討してみましょう。

賃貸はあくまで売却へのつなぎと考える

古い家屋ほど思わぬ修繕費用がかかる

きょうだい同士で売却の話がまとまらない、隣人と境界線でもめている、売る意志は固まっているのに「売れにくい物件」でなかなか買い手が見つからないなどの理由で、売却が途中で行き詰まってしまうことがあります。

こんなときは、とりあえず「現状のまま、または現状に近い状態で貸す」「更地にして貸す」という方法を検討してみましょう。すると、先に例示したように、思わぬところから借り手が現れ、家賃収入を得られることがあります。

ただし、それはあくまで売却までのつなぎ。「少しでも収益になるならこのまま続けてもいいのでは」と思ってしまいがちですが、やはり将来的には売却をしたほうがいいはずです。長く貸していると、屋根や外壁などの修繕でいずれ多額のお金が必要になる日がきます。その修繕費は大家負担なので、それまでの家賃収入が一気にふき飛んでしまうばかりか、マイナスになってしまうこともあるからです。

売れる時期を待つ

投資用物件の原則は、常に出口（売却）を見すえることです。あなたの実家も同じように、売れる時期（時機）がきたら、迷わず売却すべきでしょう。

では、そのタイミングはいつか——？

ひとことで言うなら、「売れるタイミングだと感じたら、それが時機到来のサイン」ということになります。内部環境としては、きょうだいの意見が売却でまとまった、実家を売る踏ん切りがついた、財産分割協議が整った、隣地との境界線がクリアになったなど、「売れる状態」になったらすぐアクションを起こしましょう。

そこに、銀行の貸し出し姿勢が積極的になった、低金利が続いている、投資用物件が活発に動いているなどの外部環境が後押ししてくれると、売りにくい物件でも売れることがあります。世の中が不動産に注目しているときがチャンスです。

売却を希望していたものの買い手が見つからず、やむを得ず賃貸にしていた場合でも、収入が安定的に得られていることをアピールしましょう。その地域にニーズがあるという根拠になり、買い手の心を動かしやすくなります。

不動産の投資家は必ず利回りをチェックします。利回りとは、投資額に対してどれだけのリターンがあるかを数値化したもの。アパート経営や賃貸マンションなどの不動産における利回りは、「年間の家賃収入÷不動産総額（土地建物代＋リフォーム費用）」で計算します。中古物件の場合はこの利回りが12％はほしいところです。12％を超えている場合はうまく稼働している証拠であり、売却をしようとする際に大きなアドバンテージになります。このように「売りどき」を待つと、再建築不可物件で不動産会社から見向きもされなかった物件が高値で売れることもあるのです。

売却を考えているなら定期借家契約に

ただし、一つ気をつけなければならないことがあります。

一般的に人に家を貸す場合、貸主と借主の間で「普通借家契約」を交わします。契約期間は通常2年以上で設定され、期間満了後は借主が希望すれば契約が更新されるため、長く住み続けることが可能です。

これは借主が手厚く保護される契約形態で、貸主の都合で一方的に退去を命じることができません。売却のタイミングが急に訪れ、いざ買い手が見つかったとしても、借主から居住権（貸借権）を主張されると貸主は対抗することができません。みすみす大きなチャンスを逃すことになってしまいます。

そうならないためには、契約期間があらかじめ決められている「定期借家契約」を結んでおくことです。この契約の場合、契約期間の満了時に借主は退去しなければなりません。ただし、貸主と借主の双方が合意すれば、期間満了後も再契約できます。最初の契約の際に、将来的には売却するつもりであることを伝えておきましょう。

家を世の中の役に立てることもできる

再建築不可物件が高齢者施設の宿舎に

前述したように、新しい家を建てられない再建築不可物件は買い手が見つからないことが多いですが、それを上手に活用した事例もあります。

立地は比較的いいものの、再建築不可のため不動産会社から相手にされない空き家がありました。このまま維持するにはお金がかかるし、建物の劣化が進まないか心配です。所有者は都内に住んでいて維持管理に困っていました。

「タダでもいいので、どなたか引き取ってくれないでしょうか」と、知り合いの司法書士さんを通して私のところに相談がありました。

さっそく何人かの知人に相談してみたところ、ある地域の不動産会社から「その近所にある高齢者施設が、施設で働く外国人のスタッフ3人が暮らせる家を探している」という情報をつかみました。

ただ、施設では購入するだけの資金がありません。物件の所有者は「タダでもいいから」と言っていますが、寄付や贈与の形をとると手続きがかなり面倒になります。そこで不動産会社の方が、「30万円でうちが購入したあと簡単なリフォームをして、先方に貸し出すというのはどうでしょう?」と買い取ってくれたのです。所有者も、不動産のプロが買い取ってくれるのなら安心です。

この場合、実は不動産会社の側にもメリットがあります。比較的便利な場所にあっても、地方の再建築不可物件を仲介売却しようとすると、売価はせいぜい100万円~300万円程度。仮に売れたとしても、不動産会社に入る手数料はわずかで、なかなか買い手は見つかりません。手間を考えると、とても割に合わない案件です。

今回の場合、この物件を買い取った不動産会社は一人2万円で部屋を貸すことにしました。低家賃とはいえ月に6万円の家賃収入があるので、利回りも悪くありません。また、高齢者施設のほうも「近くに安く借りられる物件が見つかって良かった」と喜んでいました。

家の価値は循環させることで生きてくる

相続した実家を1円でも高く売る――。この本はそのようなリクエストから生まれました。たしかに、私はこれまで多くの土地の買取や中古物件の販売を行ってきた不動産のプロですが、なかにはどうしても売れない物件があったのも事実です。

また、高く売ることにこだわりすぎると、結局は使わない家をいつまでも持ち続けることになります。それは所有者にとっても、地域にとっても、国にとっても得策ではありません。

今後の空き家問題の解決には、困窮している人に住居を安く提供するという考え方も必要なのではないでしょうか。そのとき、その住宅を誰が所有するのか。相続を受けたあなたが所有するのも一つの方法です。ただ、世の中には築年数が古い家でも、多少不便な場所に建っている家でも、再建築不可物件でも、投資用物件として不動産が欲しいと思っている人はいます。

自分が生まれ育った実家の価値はそんなに安いのか、と思う人もいるでしょう。しかし、今はよほどの好物件でない限り、売りにくい状況になってきています。そして、この状況は今後はますます深刻化していきます。そうなったとき、従来の「家」に対する考え方では通用しなくなってくるでしょう。

大切な家だからこそ本当に欲しい人に届ける。そのような考え方があってもいいのではないでしょうか。循環させることで家の価値が生きてくることもあるのです。

お金を出して不動産を引き取ってくれる業者も

自治体への寄付はハードルが高い

「実家を手放すのであれば、わずかなお金を手にするより、地域や世の中の役に立つようにしたい」「買い手が見つからないので、需要があるなら引き取って使ってほしい」。このように考えて、不動産を自治体に寄付したいと考える人もいます。世の中をうまく循環させていくという観点では、志の高い考え方のように見えます。

しかし実際には、自治体への不動産の寄付は非常にハードルが高いのです。基本的に、自治体は使用する目的がなければ土地や建物の寄付を受け入れません。それにはいくつかの理由があります。

まず、不動産の所得者には固定資産税が課されます。この固定資産税は、市町村にとって大事な財源の一つです。空き家が寄付されて市町村の財産になると、この固定資産税を徴収できなくなります。さらに、寄付された土地や家を管理するためのコストが市町村にかかってきます。街の真ん中にある立地のいい物件、いろいろな用途に使えそうなある程度の広さがある物件なら活用できるかもしれませんが、そのような物件は普通に売却できるので、あまり寄付しようとする人はいません。寄付の申し出がされるのは、ほとんどが利活用の難しい「いわゆる普通の家」です。

市町村としても空き家問題をなんとかしたいという気持ちはありますが、それらを全部受け入れてしまえば財政赤字まっしぐらです。

自治体にもよりますが、寄付を認められているのは、建築基準法をクリアしている物件や立地のいい物件、または歴史的な価値のある物件など、市町村のほうで受け入れてもいいと判断した物件に限られるようです。

ただ、家を解体して更地になった土地については受け入れている地域もあります。この場合の解体費用はもちろん所有者持ち。つまり、寄付をするためのハードルは非常に高いのです。

お金を出して引き取ってもらう方法も

売りたくても売れない、寄付したくてももらってくれない……。手に余るように感じますが、そんな人たちに救いとなるかもしれない方法があります。

不動産引き取り業者という言葉を聞いたことはありませんか？　ここ数年の間に出てきたので、知らない人も多いかと思います。

不動産引き取り業者とは、その名の通り不動産を引き取ってくれる会社です。でも、タダではありません。ゴミを捨てるのにお金がかかるのと同じように、所有者がお金を払って不動産を引き取ってもらうのです。不動産の維持にはお金がかかるので、多少のお金で引き取ってくれるのなら助かる。そう考える人もいます。

「多少使い勝手が悪くても、土地にはいくらかの価値があるだろうと思っていたのに、まさかお金を支払うことになるとは……」と驚いた人がいるかもしれません。

私の印象では、空き家問題が顕著化したここ数年でこの不動産引き取り会社が急増したように感じます。引き取りが成立すると、今度はその業者さんが固定資産税を負担することになります。買取業者が見向きもしない物件でも、解体して更地にする、建物の状態が悪くなければリフォームして貸し出すなど、なんらかの活用ができると考えているのです。

第2章で紹介した相続土地国庫帰属制度だと、建物がある土地や境界が明らかでない土地では利用できませんでしたが、業者による引き取りの場合はそうした制約がありません。また、公的な制度と違って手続きはスピーディーに進みます。

不動産引き取り業者に頼むか否かは、最終的な判断になるかと思います。また、すべての土地や建物を引き取ってくれるわけではありません。しかし、将来的にも買い手が見つかる見込みのない不動産を相続した場合、永遠に続く維持管理費を考えると、お金を出して手放すのも選択肢の一つなのかもしれません。

第7章

使わなきゃ損！ 自治体の支援制度や補助金をかしこく活用

自治体も空き家問題への関心は高い

補助金制度の中身は市町村によってさまざま

相続した実家をなんとかして売りたい。売れないのならお金はいらないから、地域でなにかの役に立ててほしい。しかし前述したように、自治体への寄付はさまざまな条件が設けられていて、ハードルがとても高くなっています。

これでは空き家の所有者は八方塞がり。とはいえ、自治体もこのまま空き家が増え続けていくことに強い危機感を持っています。このまま立ちゆかなくなるのを座して待つのではなく、それぞれがアクションを起こし始めています。

この章では、そんな自治体の支援制度や補助制度について紹介していきます。その中身は市町村によって本当にさまざまです。まずは、実家がある市町村で用意されている制度について調べることから始めましょう。

全国に広がる空き家バンク

空き家バンクという言葉を聞いたことはあるけど、実際はどんな仕組みになっているのかよくわからないという人が多いのではないでしょうか。

空き家バンクとは、全国の市町村が行っている空き家問題対策のための施策です。市町村の空き家担当部署が窓口になり、空き家を売りたい・貸したい人と、それを買いたい・借りたい人をマッチングします。増え続ける空き家をなんとか活用できないかという問題意識からスタートし、現在では全国のほとんどの市町村がこの制度を活用しています。

空き家所有者にとってのメリットは、資産価値にかかわらず誰でも無料で登録できることです。また、市町村が運営やサポートをしているので安心感があります。

一方、家を探している人にとっては、エリアが決まっていればすぐに希望に近い物件を探し当てることができます。田舎暮らしがしたい、古民家で生活をしてみたいなどの目的がある人は全国各地から探せます。また、買い手や借り手にとっても、その仕組みに行政がかかわっていることは心強いはずです。

空き家所有者が空き家バンクを利用する場合、市町村によって若干内容は異なりますが、だいたい次のようなステップで進みます。

「空き家バンク」の登録から売買・賃貸契約までの流れ

❶空き家がある自治体の担当窓口で空き家バンク登録の申請をする
❷自治体が申請書類を確認し、問題がなければ空き家バンクに登録される
❸窓口やサイトで空き家を閲覧できるようになる
❹空き家の賃貸・購入希望者が見学にくる
❺賃貸・購入希望者と内容確認や価格交渉を行う
❻賃貸・購入の意思があれば、不動産会社が間に入って契約手続きを行う

市町村が関与するのは両者をつなぐ④のところまで。行政はあくまで制度を利用して売り手と買い手をつなぐという立場で、売買や賃貸に関する取り決め、価格交渉は

当事者が行うことになります。また、実際の売買契約や賃貸契約は宅建業の資格を持つ不動産会社が請け負います。この場合、市町村が委託している不動産会社が入ることが多いようです。市町村によっては、トラブルを避けるために④または⑤の段階から不動産会社が仲介に入ることもあります。

空き家バンクの稼働率は市町村によって差がある

こうしてみると、とても良くできたシステムのように感じますが、実際にどのくらい稼働しているかは市町村によってまちまちです。うまくいっている市町村はウェブサイトなどの見せ方も上手ですし、これまでの成功例がテレビ番組や新聞などで取り上げられたりしています。そういうところは補助金や助成金も充実しています。

一方、システムとしては存在するものの、登録一覧サイトをつくっただけというような、あまり機能していない市町村もあります。まずは、所有している物件がある市町村がどのくらい積極的に取り組んでいるのか、確認してみるところから始めましょう。

Iターン・Uターンは買主・売主の味方

空き家所有者に補助金や助成金が出るところも

空き家バンクのシステムが全国に広がったのは、空き家問題の解決と同時に、人口減少が著しい地方に新たな住民を呼び込みたいという地方自治体の動機もあったからです。特にIターン、Uターンを考えている若い世代の人たちに積極的にアプローチしています。

築年数が経った空き家は、そのままの状態では暮らせないことがほとんどです。置きっぱなしの家財道具の片づけや修繕など、実際は移住へのハードルがかなり高いことは少なくありません。当然、それなりの費用もかかります。

そこで、多くの市町村では空き家の清掃費や改修工事費の一部を負担するなど、買主や借主側をサポートする補助金、助成金を用意しています。

空家活用の匠

http://akiya-takumi.com/subsidy

こうした補助金や助成金は、買いたい人や借りたい人向けに用意されたものがほとんどですが、全国的に見ると数は少ないものの、売主や貸主を対象にしたものもあります。たとえば、使わなくなった家財道具を処分するための費用を補助したり、不動産会社に支払う仲介手数料の一部を負担してくれたりする形です。

金額としてはそれほど大きくないかもしれません。また、どのくらいの補助金や助成金が出るのかは市町村によって大きく異なります。それでも、負担が受けられるというのは売主にとって大きなメリットです。全国の空き家補助金一覧を網羅した便利なサイトもあるので、ぜひチェックしてください。

解体費などの補助金は〝早いもの勝ち〟

築40年以上なら解体して「安心」を手に入れる

誰も住まなくなった空き家は、売るなり貸すなりして循環させる。本来はこれが理想の形なのかもしれません。しかし、築年数が40年、50年、それ以上経っている日本の家屋は、そもそも人が暮らすという点でもはや限界にきている場合もあります。

そういう場合、家を解体して更地にしたほうが活用の幅が広がるかもしれません。

しかし、最近高騰している解体費がネックになることがあり、それに対処するために危険空き家の解体に補助金を出している市町村もあります。

助成対象となる空き家は、事前の調査で建物の不良度、危険度、周囲への影響が高いと判断されたものに限られています。また、個人所有で固定資産税の滞納がないなど、いくつかの条件を設けているところが多いようです。それらの条件を満たせば、解体補助金として解体費の半分（上限50万円）程度を出してくれる形が一般的です。

聞きに行かなければ誰も教えてくれない

こうした制度は自治体ごとに予算枠が決められていて、早いもの勝ちであることがほとんどです。市町村のウェブサイトや広報誌などに告知されているので、日ごろからチェックしておくようにしましょう。

また、各市町村が行っているこうしたさまざまな取り組みは、大々的に周知しようとすることはまずありません。そのため、制度があるのにそれに気づかない人も多くいます。かしこく利用すれば売却に必要な経費を抑えることができますが、聞きに行かなければ誰も教えてはくれません。

市町村によってその中身は本当にさまざまなので、まずは実家のある市町村の窓口に問い合わせをしてみましょう。何事も行動に移すことが大切です。

困ったときは自治体の空き家相談窓口に問い合わせてみる

思いがけない解決策が見つかることも

自治体の支援金や補助金制度とは少し違いますが、実家の空き家で困ったときは、行政に相談してみるのも一つの手だと思います。

前章で困っている人たちに家を安く売るなり貸すなりすることを提案しましたが、どこにアプローチをすればいいのかわからない人も多いでしょう。

そのような場合の相談先の一つに、各市町村の「空き家相談窓口」があります。これは文字通り地域の空き家問題を解決するための部署です。自治体によって呼び名はさまざまですが、役所の他部署と連携したり、地域の自治会や民生委員と情報交換を行ったりして、空き家問題の解決策を探しています。

不動産に関する窓口というわけではありませんが、思わぬ情報を得られる場合もあるので、実家の空き家の維持に行き詰まったときに「何か良い方法はありませんか？」と聞いてみてもいいかもしれません。すぐには反応がないでしょうが、タイミングが合えば、思いがけない解決案が見つかる可能性もあります。

第8章

少しの手間で金額アップ！

売却時の費用を1円でも安くする裏ワザ

測量費・解体費を安く抑えるコツは「相見積もり」

測量は個人事務所を探してみる

家や土地を売ると、たしかにまとまったお金が入ってきますが、売るときにはそれなりの費用がかかります。この章では、これらの必要経費をできるだけ抑える裏ワザをご紹介していきましょう。

不動産を売却する際の大きな出費となるのが測量費と解体費です。測量費とは、土地家屋調査士に土地の面積を確認してもらうための費用です。通常は売却を担当する不動産会社を通じて測量業者を紹介してもらうパターンが多いですが、会社の規模が大きいところが多いため料金はやや高めです。

まず一番簡単な現況測量なら普通の住宅地で10万～20万円程度です。ただし売却を前提とした測量の場合、両隣や裏の家との立ち合いのもとで境界を確定させる「確定測量」を行う必要があります。この費用を入れると40万～50万円に上がります。さらに、前面道路との境界も確定させなければいけません。ここまでやって60万～80万円で、ようやく売却が可能になります。

不動産会社に頼めば手間はかかりませんが、測量費だけで見た場合、地域で個人または2、3人でやっているような測量事務所に頼んだほうがお得です。あまり知られていませんが、実は5万～10万円くらい抑えることができます。

料金の違いをたしかめるためにも、まずは相見積もりをとってみるといいでしょう。見積書の内訳が丁寧に説明されているなど信頼できそうであれば、不動産会社には「測量はこちらで手配するので結構です」と連絡し、個別に依頼するようにします。

境界線問題は日ごろのご近所づき合いがカギ

測量をする際、トラブルになりやすいのが近隣との境界線です。ここでもめてしまうと、その先が進まないので売却のタイミングを逃してしまいかねません。

境界線問題はこじらせると非常にやっかいですが、多少の話し合いでお互いが合意できることも多いです。また、親世代から境界線が曖昧だったとしても、日ごろからご近所と円満なおつき合いをしていれば、簡単な確認だけでスムーズにことが運びます。そもそも、お隣さんや裏の家の人は「庭木も伸びてきたけど、どうしよう」「空き家になったけど、今後どうするんだろう」などと、あなたのお宅の行く末を気にしています。

自分が遠方に暮らしていて頻繁にコミュニケーションがとれない場合は、帰省のたびにお土産を持参してあいさつに行くだけでも、相手の印象はだいぶ変わります。

人間関係が希薄になっているこの時代、こういうつき合いをわずらわしいと感じる人は少なくありませんが、少しの手間や気配りで大きなトラブルを回避できると考えれば、やっておいて損はありません。

解体業者には得意・不得意分野がある

建築物または工作物の解体を行う際は、事前にアスベスト使用の有無を調べることが義務づけられています。その費用はおよそ10万円。この調査は売却を依頼した不動産会社が手配してくれますが、費用を抑えたければ自分で業者に依頼することもできます。

測量費用などと合わせて不動産会社に依頼すれば窓口が一つで済みますが、料金には仲介手数料が上乗せされます。たとえば10万円の調査費だったら、そこに20〜30％の手数料が上乗せされており、2〜3万円は余計な出費なのです。

アスベスト調査や解体は不動産会社に丸投げせず、できるだけ複数の業者に相見積もりをとるようにしましょう。ひとくちに解体業者といっても、木造住宅しかやっていないところもあれば、鉄筋造が得意なところ、住宅よりもビルに強いところなどいろいろあります。ここがミスマッチだと、余分なお金がかかることになるので注意が必要です。

解体業者のウェブサイトがあれば、施工実績の写真を見てどのような現場が得意なのかチェックしましょう。たとえば木造住宅の場合、大手の解体業者より地域にある小規模な会社のほうが安く引き受けてくれます。

残念ながら、なかには悪質な業者がいるのも事実です。あまりに安い見積もりを出してくる業者には要注意。「壊してみたら地中から埋没物が出てきた」などといって不当な追加料金を請求する業者もいます。見積もりをとる際は、アスベストや地中埋没物の有無など、いろいろなケースを想定した価格を出してもらいましょう。そのときにどのくらい丁寧に説明してくれるかが、信頼できるかどうかを見きわめるポイントです。

できることは自分でやる！

家を解体して建物がなくなったら、1カ月以内に管轄の法務局へ「建物滅失登記」を提出することが義務づけられています。これを怠ると10万円以下の過料になってしまう場合もあるので、忘れず行うようにしましょう。手続きは土地家屋調査士というプロに依頼することもできますが、4～5万円の費用がかかります。

解体業者から必要書類をもらったり、市町村の窓口に届け出をしたりと時間はとられますが、できることを自分でやるようにすれば費用を抑えることができます。

古家には意外な価値が残っている可能性も

鉄製のものは売ることができる

家を解体する際は、建物だけでなくそのまわりにある工作物も撤去しなければなりません。たとえば、家のまわりにカーポートやフェンス、鉄製の物置などがある場合、家の解体費用に加えてこれらの撤去費用がかかってきます。こうした撤去作業には特別な重機が必要になる場合が多く、予想以上の出費になります。

一方、こうした鉄製のものは金属スクラップとして再利用できるため、一定の需要があります。特に最近は資源価格が高騰しているので、いらなくなった鉄製のものを買い取る業者は多数あります。時間に余裕があれば、近くの業者を探してみてはいかがでしょう。モノによっては、高額で買い取ってくれることもあります。

買い取ってくれなくても、引き取ってもらうことができればそのぶん撤去費用が安くなります。どんなものに価値があるかは素人では判断できないので、まずは近くの金属取扱業者に連絡をとって、見てもらうといいでしょう。「(地域名)　金属　買い取り」とネットで検索すれば、たいてい地元の業者が見つかります。

衣類や雑貨が高く売れる!?

国土交通省が令和元年に行った空き家所有者実態調査によると、相続した家族が実家を空き家にしておく理由としていちばん多かったのが、「物置として必要」という回答でした（60・3％）。しかし、空き家にある家具や衣類のほとんどは使うあてのないものばかり。そんなもののために空き家を維持し続けるのは割に合いません。いずれ、売却時にはこれらをすべて処分する必要があります。

「どうせなら、家を売るときにまとめて処分すればいい」と思うかもしれませんが、残置物を大量に処分するには専門の業者に依頼する必要があります。家の片づけは、親が元気なうちから少しずつ始めるのがベストです。まずは「いるもの」「いらないもの」の仕分けをして、ゴミの日に無料で捨てられるものは処分しておきましょう。

また、ゴミだと思っていたものが、やり方によってはプラスの収入になることもあります。たとえば衣類や雑貨などはメルカリなどのフリーマーケットサイトに、本類は古本屋に出してみると、モノによっては意外な収入になることがあります。

特に今では手に入りにくい専門書、アクセサリー類、人気のフィギュアや昔のレコード、蓄音機、昭和レトロの家電などは、高く買い取ってくれることも。骨董品を扱うリサイクルショップでも、高値で買い取ってくれる可能性があります。

「そんなの面倒……」と思うかもしれませんが、意外なものが意外な価格で売れる世の中。1円でも多く残すには、売却にかかる費用を極力抑える発想が必要です。

なによりその価値がわかる人のところにわたることで、思い出の品が生き続けます。そう思うと、大きなものを手放すように見える実家の売却も、「きっとこれで良かったんだ」と納得できるのではないでしょうか。

おわりに

本書では、これから実家を相続する予定の方に向けて、「今すぐすべきこと」と「できるだけ高く売る方法」についてお伝えしてきました。最後まで読んでいただいた方は実感されていると思いますが、本書で紹介したノウハウは特別難しいことではありません。「売却には良い不動産屋と担当者にめぐり合うことが一番大事」「売却に必要な書類は早めにそろえておく」「境界線問題は日ごろのコミュニケーションでカバーする」「相見積もりを面倒くさがらない」など、ちょっとした心がけや工夫で事足りることばかりです。大事なのはそれをするか、しないか。それだけなのです。

最後に、少し私自身の話をさせてください。自分が空き家に関心を持った根っこの部分について、ひとことお伝えしておきます。

私の故郷は佐賀県の富士町という山深い温泉地。異母兄弟6人とトタン屋根の傾いた家に住むという複雑な家庭環境で育ちました。高校は県下有数の進学校に入学したものの、授業についていけず成績は学年最下位。級友のほとんどが大学進学するなか、一発逆転を夢見て上京しますが、なかなか貧困から抜け出せず、日々の生活に追われるだけの毎日でした。そんなとき、「うちの会社で働いてみないか」と先輩に誘われたのが、北九州市にある不動産会社でした。

当時は社員10人ほどの小さな会社でしたが、バブル景気の波に乗って事業が急拡大。新築の戸建てもマンションも飛ぶように売れました。私自身も大きな仕事を任されるようになり、この仕事にやりがいを感じるようになりました。

一方で、マイホームを買いたくても買えない人たちもいる。そんな人たちでも手が届くような金額で、マイホームを提供できないかと考えるようになりました。協力業者さんと研究開発を重ね、3LDKの新築マンションを「980万円から」で売り出して大ヒットしました。土地つき戸建て住宅も3000万円が相場の当時、工法や資材の仕入れの工夫で2000万円の住宅を発売し、一挙に供給戸数を伸ばしました。

企画開発の社員さんからは、「うちが高級路線に弱いのは、宮地さんが低所得の人にも家を提供したい気持ちが強すぎるからだ」と言われたのも懐かしい話です。

最近は一戸1億5000万円のマンションを発売したほどですから、お客様のニーズが変わってきたことを実感します。

会社が大きくなり、部下も育って次のステージを考えていたとき、自分の活動は生活保護者やシングルマザー、高齢者、障がい者の方など、住まいや暮らしに困っている人たちに届いていなかったことに気づいたのです。それからは、こうした社会から取り残されてしまいそうな人たちをなんとか救いたいという気持ちに駆られるようになりました。

現在は副社長の職も辞し、私の考えに共鳴してくれる仲間たちと、空き家と生活困窮者をマッチングするという事業に取り組んでいます。

これから、空き家を取り巻く環境は大きく変わっていきます。今は一人っ子も多いですし、きょうだいがいたとしても2人か3人ですから、ほとんどの人がいつかは実家を相続することになるでしょう。そのときは間違いなく、実家を売ることも、維持することも今より大変になるでしょう。

誰しも実家には特別な思い入れがあります。だからこそ、納得のいく形でお別れをしてください。本書を参考に、「大切な実家を1円でも高く売る」という目的を達していただくことを願ってやみません。

最後にこの本を完成させるまでには、多くの方のご協力をいただきました。出版のきっかけをつくっていただいたネクストサービスの松尾昭仁さん、大沢治子さん、内田晋平さん。折にふれ相談に乗っていただいたたんぽぽ不動産の松岡秀夫さん。この企画に賛同して応援してくれた大英産業の社員、OB他関係者のみなさん。そしていつも温かく見守ってくれる家族に心から感謝いたします。

宮地弘行

著者紹介

宮地弘行（みやち・ひろゆき）

昭和32年佐賀県佐賀市生まれ。土地・建物買取プロデューサー。先輩の誘いで北九州の不動産会社大英産業に入社。販促企画から集客、営業全般まで一貫して担当し、仕事の面白さに目覚める。苦戦していた団地を無事完売し、マンション事業部に企画部長として着任。以降、中古住宅再販、戸建て分譲などの事業を提案し、九州で地域ナンバーワン企業になる。2008年のリーマンショックを徹底した営業強化策などで乗り切り、人材の採用・育成にも努める。現在は売れない空地や空き家を再生し、生活困窮者や高齢者に低家賃で提供するプロジェクトを進展させる一般社団法人の設立に向けて準備中。

不動産買取《ふどうさんかいとり》の専門家《せんもんか》が教《おし》える実家《じっか》を1円《いちえん》でも高《たか》く売《う》る裏《うら》ワザ

2023年12月5日　第1刷

著　　者　宮《みや》地《ち》弘《ひろ》行《ゆき》

発 行 者　小澤源太郎

責任編集　株式会社 プライム涌光

電話　編集部　03(3203)2850

発 行 所　株式会社 青春出版社

東京都新宿区若松町12番1号 〒162-0056

振替番号　00190-7-98602

電話　営業部　03(3207)1916

印　刷　共同印刷　　製　本　大口製本

ISBN978-4-413-23316-3 C0033